新宮市の高田自然プールで

太地町、花火と太鼓のコラボ

熊野古

早乙女姿の娘と

報道犬フータ、熊野を行く

那智の滝と三重の

仙人風呂のかるた取り

過疎の村で

串本町大島の樫野埼灯

奈　良
三　重
和　歌　山
和歌山市
海南市
高野山
小辺路
紀伊路
伊勢路
北山村
熊野本宮大社
御坊市
熊野市
中辺路
雲取温泉
獅子巖
花の窟
川湯温泉
田辺市
新宮市
③熊野速玉大社
那智山
東牟婁郡
熊野那智大社
・青岸渡寺
大辺路
太地町立
②くじらの博物館
一枚岩
北
西牟婁郡
橋杭岩
無量寺
①

2
神社
熊 野 川
くすりの森山
市立綜合
体育館
王子小学校
王子ケ浜

虫喰岩
牡丹岩
月の瀬温泉
古座川町役場
JR 紀伊田原駅
古 座 川 町
古 座 川
木葉神社
JR 古座駅
串 本 町
熊 野 灘
JR 紀伊姫駅
弘法湯温泉
JR 紀伊有田駅
JR 串本駅
橋杭岩
串本海中公園
串本町役場
トルコ軍艦遭難記念碑
無量寺
紀伊大島
日米修好記念館
通夜島
1

熊・野
MAP

赤字は本文で紹介してい
ます。
青字はその他の観光名所
や地名などです。

雅楽と那智の滝

自転車で取材

ゴトビキ岩

獅子巖＝三重県熊野市

本宮町の春

支局で居眠り

修験者による火渡りの行

太地町くじらの博物館でのショー

東京新聞記者

吉岡逸夫＋フータ

Itsuo YOSHIOKA

報道犬フータ、熊野を行く

報道犬フータ参上

熊野地方を取材中

報道犬フータ（風太）、熊野を取材中。新宮市から串本町までの祭り、イベント、史跡、火災現場など、あらゆる取材現場に出没し、老若男女のアイドルになっているチワワ（オス、3歳）。胴に腕章を巻き、首にはおもちゃのカメラをぶらさげている。

飼い主の某新聞記者は「熊野はとてもおおらか。取材現場はほとんどどこでも受け入れてくれる」と驚く。「できれば犬を通して熊野を紹介したい。熊野のおおらかさが伝われば」。フータの目から見た熊野をテーマに本を出す計画もあるという。

フータは現在、実家の千葉と熊野の二重生活を送っているが、熊野の土地が気に入ったようで、こちらに来るととても元気に走り回るという。「熊野の魅力は？」との質問にフータは「・・・」。

（瀬谷 昌）

熊野新聞 2011年1月29日付

現代人文社

はじめに

わが輩は犬です。名前はフータ（風太）。チワワ、四歳。人間でいえば三〇歳ぐらい。

エヘン、だれですか、童顔で小さいなんていってるのは。この大きな目も小さな体もチワワの特性なのです。みなさんチワワを見ると「カワイイ〜」と赤ちゃんでも見るように寄ってきますが、本当は強いのです。何しろ、僕の祖先はメキシコで、番犬としてその名を覇せました。勇敢だというのでアメリカでは、チワワを主人公にした映画「ビバリーヒルズチワワ」まで作ってくれました。日本でも最近、賢いのでチワワが警察犬（奈良県警）に採用されたぐらいです。

話は飛びましたが、飼い主の名は吉岡逸夫。職業は新聞記者。逸夫は二〇〇九年八月から和歌山県新宮市に単身赴任となりました。ある日、彼の妻が旅行に行くことになり、

初めまして、フータです。
報道「犬」らしく、あちこち
鼻を突っ込んで取材しました★

僕は逸夫の勤める新聞社の新宮支局に預けられることになりました。そのとき、取材に一緒について行ったのがきっかけで、僕は世界初の報道犬としてデビューすることになったのです。僕は、そこでずいぶん勉強しました。何しろ、逸夫が毎日取材と称して、いろんなところへ連れて行ってくれます。お陰で、僕はすっかり熊野通になってしまいました。

そこで、僕がこの本を通して熊野を紹介します。

熊野は、本当にいいところです。だいたい、犬を連れて取材していてもだれも咎《とが》めないのです。それほどおおらかな土地柄です。咎めるどころか、地元の新聞「熊野新聞」や新宮市の広報誌でも紹介されたぐらいです。地元ではもう人気者、スターだったのですから。

おっと、自慢話はこれぐらいにして。そういうわけで、本邦初公開の報道犬によるガイドブック。すみからすみまで、よろしくお願いしますワン。

報道犬フータ（翻訳・吉岡逸夫）

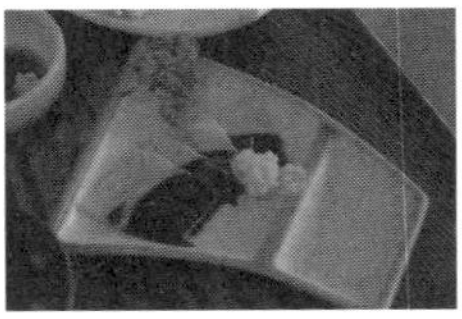

報道犬フータ、熊野を行く◎目次

第一章　信仰

日本の宗教の始まり

さて、まずは熊野地方の説明をしましょう。熊野とは和歌山県南部と三重県南部の地域を指します。それは、『古事記』❖（七一二年）、『日本書紀』❖（七二〇年）に熊野の記述があることから、その頃から、そう呼ばれていたことがわかります。『古事記』に、神武天皇❖が熊野の地に上陸したときに、熊と遭遇したという記述があります。

熊が多かったことから「熊」の字が使われるようになったのではないかと推測されますが、本当は熊ではなく「神《くま》」の意味だともいわれています。神のいる野（土地）ということです。

熊野では宗教のことを理解しなければ、何もつかめないのです。何しろ神の地です。宗教なんて僕には縁がありませんが、人間ってへんなものが好きですよね。僕にはまったく関係ないことですから、かえ

❖**古事記《こじき》**　現存最古の歴史書。序文および上中下の三巻よりなる。作成の目的は、諸家に伝える各種の帝紀《ていき》・旧辞《きゅうじ》を天皇の権威によって整理統一し、それによって天皇の権威をいっそう強め、天皇支配の正当性を歴史的に証明し合理化しようとするところにあった。

❖**日本書紀《にほんしょき》**　七二〇年に成立した我が国最初の正史。『古事記』が諸説のうち一つの正説を定めて筋を通そうとしたのに対し、『日本書紀』は帝紀、旧辞のほか政府の記録、個人の日記手記、寺院の縁起類、朝鮮側史料、中国史書など多方面にわたる史料を活用し、異説を強いて統一せず、一書という形で併記したり、注として付記したりしている。

❖**神武天皇《じんむてんのう》**　『古事記』『日本書紀』で第一代とされている伝説上の天皇。「神武」は奈良時代後半につけられた漢風の呼び名で、和名は「カムヤマトイワレビコノミコト」。カムヤマトは神のごとく日本を建国したという美称、イワレビコは大和国の地名であるが、「謂《いわ》れのある伝説的な」という意味にとることもできる。

って客観的に書けるのはいいのですが。
　宗教は日本の成り立ちと大いに関係があります。まず宗教の話から入っていきましょう。

　熊野といえば、最近クジラ漁やイルカ漁で話題になった、アメリカでアカデミー賞をとったドキュメンタリー映画「ザ・コーヴ」（第八章参照）を思い出します。映画の舞台として有名になった太地町に逸夫と一緒に行ったとき、奇妙な風景に出くわしました。何と海水浴場で、人間がクジラと一緒に泳いでいるのです。僕は、クジラというものを初めて見たので、その大きさと形が怖かったです。僕は犬かきで泳げますが、クジラと泳ぐ気はしませんね。あんな得体の知れないものと一緒に泳いで何が楽しいのですか。まあ、クジラやイルカは、犬と同じくらい頭がいいらしいから、その点は、仲間に入れてあげてもいいのですが、水の中に棲んでるのはいただけません。とてもお友達になりたいとは思いませんが、逸夫は、そこで「いい体験をした」といつも言っています。

　逸夫は新宮支局に来たのが夏だったから、海水浴場に泳ぎに行ったようです。太地町の海水浴場は国立公園内だから景色がいいのですが、クジラがいるのには逸夫も驚いたようです。クジラと泳げる海水浴場なんて世界でもここだけです。それも町が運営しているから、無料で

クジラと一緒に泳げる海水浴場＝太地町で

す。
クジラといっても、三メートルから五メートルぐらいのゴンドウクジラとハナゴンドウです。この辺は、四〇〇年も前からクジラの追い込み漁で有名なのです。それだけ豊かな土地だといえます。あんな大きな動物が生息できるほど、食べ物があるということですから。
逸夫は泳ぎましたが、ちょっと怖かったそうです。何しろこれまで自分よりも大きな動物と泳いだことなかったからです。「自然の驚異を感じ、畏怖した」って興奮していました。
何だかよくわからないのですが、「自然崇拝の原点だ」と感動していましたね。へんなヤツですよ。自然なんて、とくに崇拝しなくてもいいのに。そこにあるだけなんですから。
そういえば、熊野三山（第六章参照）の一つ、熊野《くまの》那智《なち》大社《たいしゃ》の那智の滝でも同じようなことを言っていました。滝も、荘厳なので驚異に思ったんじゃないですかね。「やっぱり日本の宗教の始まりは、これだよ」

荘厳な那智の滝＝那智勝浦町で

❖**アカデミー賞《しょう》**　アメリカで一九二八年から始まった世界最大規模の映画賞。映画芸術科学アカデミー主催。会員である約四〇〇〇人の映画人が選考して、毎年二月下旬から三月上旬頃に決定する。

❖**太地町《たいじちょう》**　東牟婁《ひがしむろ》郡の東南部に位置する。町域は熊野灘に半島状に突出、西方は那智勝浦町に囲まれる。海岸線はリアス海岸。東部は断崖が続き、岩に砕け散る熊野灘の荒波は豪壮な景観。町の歴史と地理的な条件を活かした観光開発が進められている。県指定無形民俗文化財の鯨踊りが伝わっている。

❖**ゴンドウクジラ**　小型のクジラ。一般の他のクジラ類よりもイルカ類にきわめて近縁であると考えられ、普通はマイルカ科に含められる。多くの種は深い海域を好む。本来群居性で、よく組織された集団で生活する傾向がある。他のクジラ類やイルカ類と一緒にいることもある。

❖**ハナゴンドウ**　マイルカ科。海で見分けることは比較的易しい。全身に傷跡があり、ずんぐりした体つきをしている。成獣は二・六〜三・八メートル、体重三〇〇〜五〇〇キログラム。

❖**自然崇拝《しぜんすうはい》**　自然物や自然現象を崇拝、神格化する信仰。精霊を崇拝するアニミズム（八頁参照）の原型とも考えられており、世界各地に見られる。

❖**那智《なち》の滝《たき》**　那智川上流の那智山中にある。那智四十八滝のうち、一の滝をさす。

那智の滝の上でしめ縄を張り替える＝那智勝浦町で

と何度も言っていました。

那智の滝には、僕も何度か行きました。大きな長い滝です。落差は一三三メートルあり、直瀑型の滝では日本一です。昔は滝を崇拝したり、岩を崇拝したり、山を崇拝したりして、それが神道❖につながっていくわけです。神道を象徴する鳥居❖だって、あれは、木と木との間にしめ縄❖を張った形を表しているのです。ここに神様がいますという意味です。別に目印なんて必要ないはずです。僕なんか神様がいるかどうか臭いで嗅ぎつけちゃいますから。でも、人間はそういうわけにもいかないのでしょう。神様がいるかどうかなんて、想像力の世界ですからね。目印をつけないとわからない。逆に、目印をつけると、信じてしまうのでしょう。

実際、しめ縄を張る光景を見たことがあります。本当に木の間にしめ縄を張って、お祈りをするのです。那智の滝の川を渡るときは、神職たちは、木と木の間に縄を張り、お祈りをしてから川に入ります。

❖**神道《しんとう》** 日本固有の民族宗教。アニミズムやシャーマニズム（巫師《シャーマン》や祈祷師《きとうし》の能力により成立している宗教や宗教現象の総称）から発している。祖先神や自然神への尊崇を中心とする古来の民間信仰が、外来思想である仏教・儒教などの影響を受けて理論化された。明治以降は神社神道と教派神道に分かれ、前者は太平洋戦争終了まで政府の大きな保護を受けた。

❖**鳥居《とりい》** 神社の参道入口などに立てて神域を示す一種の門。伊勢神宮（三重県）や鹿島神宮（茨城県）の神明《しんめい》鳥居（二本の柱に笠木を渡し、貫で固定するシンプルな形）を基本とするが、多くの様式がある。本式は木製だが、石製・青銅製・鉄製・陶製、近年では鉄筋コンクリート製もある。日本では奈良時代以前からある。

❖**しめ縄《なわ》** 「注連縄」「七五三縄」「標縄」とも書く。「シメ」は占めるの意。神前または神聖な場に不浄なものの侵入を禁ずる印として張る縄。一般には、新年に門戸や神棚に張る。左捻《よ》りが定式。三筋、五筋、七筋と順次に藁《わら》の茎を捻り放して垂れ、その間に神《かみ》紙《しで》を下げる。朝鮮半島のクムジュル（禁縄《きんじょう》）をはじめ東南アジア一帯に、これに類する境界標示物がみられる。

❖**別宮《べつぐう》** 本宮に対し、別立されて本宮を本社と仰ぐ神社の称号。本宮が管理し、今宮・新宮・末社《まっしゃ》・若

それから、滝の上に本格的なしめ縄を張る。遠くて見えないかもしれませんが、那智の滝の上にはしめ縄が張ってあります。滝は、熊野那智大社（正確には別宮）のご神体ですから。そのしめ縄を毎年夏と冬に張り替えます。その取材で、逸夫は何度も滝の上に上りました。僕は、残念ながら途中までしか行けませんでしたけどね。

　というのは、逸夫が宮司さんに報道犬を連れて行っていいかと頼んだのですが、「ご神体に犬や獣《けもの》は近づいてはダメ」と言われました。神社でも、境内までは犬が入ってもいいのですが、本殿はだめだと言われました。本殿に入ることが許されている動物は、馬と尾長鳥だけです。馬は神馬といって、お祭りでご神体を運んだりするし、尾長鳥も神の鳥とされているといわれています。それは、僕の目からすると、もう差別。「けもの」じゃなくて「のけもの」です。

　昔からの言い伝えで、書物にも書いてあるからでしょう。もういやですね、文字を持ってる人間は。いつまでも昔のしきたりにこだわって。さっさと次に進めばいいのに。

世界遺産になった理由

　僕は、熊野に来るまで、ここのことをまったく知らなかったのですが、熊野で最も有名なのは、熊野古道（詳しくは第六章参照）と熊

宮ともいう。

❖**神体**《しんたい》　神霊の宿る神聖な物体。神道での礼拝の対象。霊代《みたましろ》・御正体《みしょうたい》ともいう。神社の本殿などに奉安する。

❖**犬**《いぬ》　ネコ目イヌ科のほ乳類。熊野では「のけもの」にされているが、ギリシア神話や北欧神話には冥府《めいふ》の番犬として犬が出てくる。シベリアや北米、アイヌには人間の祖を人犬交婚説に求める伝説がある。中国では祭祀《さいし》（神や祖先を祭ること）の犠牲に犬を用い、日本では安産の縁起物《えんぎもの》や魔除けとして扱われている（犬張り子、妊婦の戌《いぬ》の日の腹帯など）。

❖**境内**《けいだい》　「境界の内《うち》」ということで、寺社の敷地をいい、聖域として普通の土地と区別する。「ケイダイ」は漢音。神社の境界内にある摂社《せっしゃ》や末社を境内社という。

❖**本殿**《ほんでん》　神が鎮座する場所。

❖**馬**《うま》　日本の神社には馬を神霊が乗る聖獣として奉納する風があったが（後に絵馬《えま》となる）、西欧やインドでも太陽神の車を馬が引くという神話がある。反面、馬は死者の車を引く獣でもあり、馬の像や馬具が副葬品にされたりする。白馬は世界共通で神聖視されていた。

❖**尾長鳥**《おながどり》　ニワトリの品種の一つ。オスの尾羽は生え換わらないため、極端に長くなるのが特徴（長生きした場合には一〇メートル以上）。高知県原産で、日本の特別天然記念物に指定されている。

趣のある石畳と木立＝那智勝浦町の熊野古道で

野三山。熊野古道は、平安❖から鎌倉❖時代にかけて、皇室が熊野三山に通った道のことをいいます。いうなれば、昔の一級国道です。舗装に用いられた石畳が今も残っています。紀伊半島が日本でいちばん降雨量が多いから、道が崩れないように、石畳を敷いたのです。

熊野古道は、大きく五つありますが、どこにも石畳があるわけではなく、現代の国道や市街地道路と重複しているところもあったり、細かいところは不明だったりします。どちらにしても、うっそうとした木立の中、石畳の階段などを上り下るのは楽しいものです。人間だけが通っていますが、犬だってこういう道を歩きたいのです。もっと、ペットを散歩させるのに使ってほしいのに、ペットと泊まれる宿が少ないせいか、ペット連れの人は見たことがありません。僕は、ここを歩くたびに、ハイキングのような気分になりました。犬だって、自然の中にいるのが好きです。実は、人間よりも好きなのです。なのに、

❖**神馬**《しんめ》　日本の神社に奉納された馬、あるいは祭事の際に使用される馬をさす。馬の種類に決まりはなく、神が乗るとされる。

❖**平安時代**《へいあんじだい》　平安京（京都）が実質的な政治権力の所在地であった時代の意味で、八〜一二世紀末に至る約四〇〇年間をさす。

❖**鎌倉時代**《かまくらじだい》　鎌倉に幕府があった時代。一一八五年の守護・地頭設置前後から一三三三年の幕府滅亡までの期間。武士が歴史の主役としての地位を固めたが、京都の朝廷や寺社の勢力は依然強く、多元的な権力によって複雑に入り組んだ支配が行われた。

❖**ギリシャ**　正式名称はギリシャ共和国。複数の文明の接点に位置する国としてヨーロッパ、アフリカ、アジアの歴史に大きな影響を与えた。二〇〇九年、旧政権による財政赤字の隠蔽が政権交代によって明

ずっと家でつながれているなんて、動物虐待です。❖ギリシャのアテネでは、野良犬が町中をウロウロするのが許されています。病気が危ないじゃないかと思われるかもしれませんが、実は、アテネの野良犬は、予防注射を受けています。衛生局で注射をうってから、それから放たれるのです。ギリシャって、経済危機だなんだと騒がれていますが、最も犬の権利を認めている国です。東京都内では、野良犬が絶滅しちゃいました。それだけ、管理社会が進んだということです。野良犬の住めるグレーゾーンがなくなったということです。管理社会が行き過ぎると、息苦しくなります。グレーゾーンがある社会のほうが、人間も動物も幸せに暮らせると思うのは僕だけでしょうか。

話が脱線しちゃってごめんなさい。犬の権利の話になると、つい力が入ってしまいます。

熊野三山へ天皇家が参拝するようになったきっかけは、ウィキペディアによると、一〇九〇年の❖白河上皇の熊野行幸からで、上皇は九回も通ったようです。それで京都の貴族の間に熊野詣が行われるようになりました。❖後白河上皇など三三回も通いました。

❖明治維新以後、❖神仏分離令により、熊野古道周辺の神社仏閣の数は激減し、熊野詣の風習もほとんどなくなってしまいました。

では、熊野三山とは何でしょうか。それは、熊野《くまの》速玉《はやたま》大社《たいしゃ》、熊野《くまの》

らかになり、翌年、欧州委員会の指摘によって財政状況の悪化が表面化した。国内ではデモやストライキが起こり、国外でもユーロの下落など金融市場の不安定化を引き起こしている。

❖**白河上皇**《しらかわじょうこう》　一〇五三～一一二九年。平安後期の第七二代天皇（在位一〇七三～一〇八七年）で、譲位後も長く太上《だいじょう》天皇として君臨し、院政（九八頁参照）の伝統を創った。「上皇」は退位した天皇の贈られた尊号で、正しくは太上天皇という。

❖**後白河上皇**《ごしらかわじょうこう》　一一二七～一一九二年。平安末期の第七七代天皇（在位一一五五～一一五八年）。譲位後、三四年にわたる院政の中で平清盛の義妹（建春門院）を寵愛。平氏と結んで政界が安定したが、建春門院の死後は近臣と平氏との争いが激化、さまざまな事件やクーデターが起きた。

❖**明治維新**《めいじいしん》　一九世紀半ば、幕藩体制を打破し、西洋国際社会へ参加して近代国民国家を形成する契機となった政治社会の大変革。

❖**神仏分離令**《しんぶつぶんりれい》　正式には「神仏判然令」。明治政府が神道を国教化するために行った政策で、一八六八年三月二八日公布。神社内にある仏像や仏具、教典などの除去を命じた。これによりこれまで続いた神仏習合（三二頁参照）が禁止され、神官たちによる排仏毀釈《はいぶつきしゃく》（仏教寺院や仏像・経巻を破毀したり、僧や尼など出家者や寺院が受けていた特権を廃止することなどをさす）が盛んになった。

那智《なち》大社《たいしゃ》、熊野《くまの》本《ほん》宮《ぐう》大社《たいしゃ》の三つの神社総称をいいます（第六章参照）。まず「三山」という名称ですが、山❖という称号は、ふつう仏教❖の寺院❖につけられるのですが、ここの神社はそういう言い方をされます。それは、仏教の影響が強いことを意味します。もともと日本は自然崇拝やアニミズム❖が基本の神道ですが、そこへ中国から仏教が伝来します。仏教は大きな寺院や仏像を持っていますが、昔の神道は自然崇拝だから社殿もなにも持っていませんでした。それこそ、木と木の間にしめ縄を張ったり、岩に縄を張ったりするぐらいのものでした。そうすると、人々はどう思うでしょうか。大きな寺院や立派な仏像を見ると、こちらのほうがいかにも御利益がありそうな気がしてきます。人間って、困ったものです。目の前に大きなものや立派なものを出されると、すぐハハー、となってしまうのです。

神道のほうは焦ったと思いますね。このままでは、信者を仏教にもっていかれるのではないかと。それで、神社も仏教と同じように、社

木立と石畳が趣のある熊野古道＝那智勝浦町の大門坂で

❖**山《やま》**　仏教の寺院につける称号を「山号《さんごう》」というが、寺院によってはつけていないところもある。つけている場合においても、その寺院が所在する山の名称をつけている場合と、医王山《いおうぜん》や鶴林山《かくりんざん》のように、所在地とは関係のない、仏教用語を山号として付けている場合がある。

❖**仏教《ぶっきょう》**　仏陀《ブッダ》の説いた教え、すなわち釈迦《しゃか》を教祖とする宗教のこと。世界三大宗教の一つ。

❖**寺院《じいん》**　仏教で宗教活動をするための中心の建物。精舎《しょうじゃ》・伽藍《がらん》・仏刹《ぶっさつ》・寺などともいう。

❖**アニミズム**　原始宗教の神秘的信仰形態の一つ。自然界のあらゆるものに固有の霊魂が宿っており、諸現象はその意志や働きによるものとする信仰。

❖**那智山青岸渡寺《なちやませいがんとじ》**　標高五〇〇メートルの高台に熊野那智大社と相並ぶ。天台宗の寺院で、那智山と号す。西国三十三所第一番札所。本尊は如意輪観音菩薩《にょいりんかんのんぼさつ》。世界遺産に登録されている。神仏習合（三二頁参照）が廃止となった明治時代、熊野三山のうち熊野本宮大社と熊野速玉大社では仏堂は壊されたが、熊野那智大社だけは、如意輪堂が残された。後に、信者の手で青岸渡寺として復興した。【東牟婁郡那智勝浦町那智山8】

殿を造るようになったんじゃないかと思うのです。もっとも「神仏習合」といって、神道は仏教を取り込んでいき、合体してしまう。ここ熊野では、神道と仏教という異なる宗教が一緒に存在するのです。熊野那智大社では、同じ敷地に那智山青岸渡寺があり仲良くしている。那智山青岸渡寺の伽藍の模様が熊野那智大社の社殿と同じなんです。神社の特徴的なあの朱塗りの色にしたって、あれは仏教の魔除けの色だったようですから。よくそこまで真似ると思います。人間ってプライドがないのかとも思いますが、真似るというより、本当に一体化してしまったのですね。

熊野那智大社の門の向こうに青岸渡寺が見える。仲良く隣同士だ＝那智勝浦町で

　二〇〇四年に、熊野三山を含む紀伊山地の霊場と参詣道は、ユネスコの世界遺産に登録されましたが、その理由の一つに、平和的に異なる宗教を受け入れたということがあります。見方を変えると、そんなふうに解釈することも可能なのです。

　ともかく、熊野の人たちは、神道でも仏教でも、神様仏様のこと

❖**伽藍**《がらん》　仏教では僧の住む静かな修業の場所（園林《えんりん》）をいったが、後に寺院建築をいう語になった。

❖**朱**《しゅ》　赤色。民俗学において、赤には魔除けの意味があるとされる。また、郷土玩具は、飛騨・高山市の猿ぼぼなど赤いものが多い。子どもへの疫病除けの願掛けがこめられている。現在でも還暦で赤いチャンチャンコや赤い帽子、座布団が使用される。

❖**ユネスコ【UNESCO】**　一九四六年に設立された国連の専門機関で、国連教育科学文化機関（United Nations Educational, Scientific and Cultural Organization）の略称。教育・科学・文化に関する協力を促進することにより平和と安全に貢献することを目的としている。加盟国数は一九五、準加盟八地域（二〇一一年一一月）。日本は一九五一年に加盟した。本部はパリ。

❖**世界遺産**《せかいいさん》　一九六〇年代のアスワン・ハイ・ダム（エジプト）建設の際、古代エジプトのヌビア遺跡が水没の危機にさらされた。これを危惧したユネスコが国際的なキャンペーンを展開し、ヌビア遺跡が移築されたことが世界遺産のきっかけとなった。「顕著で普遍的な価値のある」世界の多くの遺産や自然物を人類共通の宝として、開発や紛争の危機から保護する動きが高まり、一九七二年に「世界の文化遺産及び自然遺産の保護に関する条約（世界遺産条約）」ユネスコ総会で採択され、世界遺産の認定が始った。

を❖権現様と呼んで、信心深い。これは熊野に限らないことですが、普通の家でも、居間に仏様と❖神棚が一緒にあったりします。このように、異なる思想でも宗教でも、いっしょくたに取り込んでいくのが日本の精神風土なのです。それは、日本のもともとの宗教が神道、つまりアニミズムだから可能だったのではないでしょうか。❖キリスト教や❖イスラム教、❖ユダヤ教のような❖一神教では難しいのだと思います。一神教は、異質な神とよく対立し、戦争もよく引き起こしています。だから、戦争が起こりやすいのです。神道が平和的なのは、アニミズムの寛大さが持つ長所です。

どうして日本人は❖初詣は神社に行き、結婚式は❖チャペルで挙げ、お葬式は仏教でやるのか不思議に思っていたのですが、僕は、熊野に来てやっとその理由がわかったのです。このいい加減さです。すべてを取り込んでいくアニミズムの精神がベースにあるからなのだと思います。西洋人は、けっしてそんなことはしません。日本人はなんて適当なのだろうと思っていたのですが、逆な見方をすれば平和的ともいえます。少しは評価してあげることにしました。

熊野で取材していると、どうしてここが宗教の聖地のようにいわれるようになったのか、わかるような気がしてきます。その大きな理由は、まず、ここの風景です。火山の噴火のせいですが、奇妙な形の岩

❖**権現**《ごんげん》　「権」は仮《かり》で、仏・菩薩が仮に現れたのを権現という。

❖**神棚**《かみだな》　日本で、大神宮や氏神の神符を祀るために家庭内に設けた棚。江戸時代からみられる。

❖**キリスト教**《きょう》　イエスをキリストと信じ認め、その人格と教えを中心とする宗教。教典は『旧約聖書』と『新約聖書』。正義と慈愛に満ちた父なる神、生まれながらに原罪を負う人間、キリストによる贖罪《しょくざい》などを説く。パレスティナに起こり、ローマ帝国の国教となり（三一三年）、世界各地に広まった。世界三大宗教の一つ。

❖**イスラム教**《きょう》　唯一絶対の神（アラー）を信仰し、神が最後の預言者たるムハンマド（預言者）を通じて人々に下したとされるコーランの教えを信じ、従う一神教。偶像崇拝を徹底的に排除している。

❖**ユダヤ教**《きょう》　古代の中近東で始まった唯一神ヤハウェを神とし、選民思想やメシア（救世主）信仰などを特色とするユダヤ人の民族宗教。『旧約聖書』が重要な聖典とされる。

❖**一神教**《いっしんきょう》　唯一の神的存在だけを絶対至上として信仰する宗教。唯《ゆい》一神教ともいう。

❖**初詣**《はつもうで》　年が明けてから初めて神社や寺院などに参拝する行事。一年の感謝を捧げたり、新年の無事と平安を祈願したりする。初参り《はつまいり》ともいう。もともとは「年籠り《としこもり》」と言い、家長が大晦日の夜から元日の

修験者たち＝田辺市本宮町で

や山が多い。串本の橋杭岩《はしぐいいわ》（第五章参照）や古座川町の一枚岩（第五章参照）、新宮市のごとびき岩（第三章参照）、三重県熊野市の花の窟《いわや》❖や獅子巌《いわ》❖など、どれも観光地になっていますが、こんな造形美は人間ではとても造り出せない。岩だけでなく、神の仕業のように見える風景がいっぱいあります。いかにも神様がここに居ますという感じです。僕は、人間のように想像力を膨らませたりはしないけど、それを人間は、地エネルギーが強いとかパワースポットとか称したりします。だから、昔から修行する修験者❖も多いのです。

修験者って、ホラ貝❖を吹く人たちの姿を思い浮かべますが、昔から紀伊半島には山に籠もる人が多いのです。平家❖の落ち武者なんかもそうです。都落ちした人が逃げてきます。それは、新宮市出身の作家・中上健次（第四章参照）も〃半島論〃などと称して語っています。紀伊半島は山が多いので隠れやすいのだと思います。それに自然が豊かだということがあります。山に籠もっても自給

朝にかけて氏神の社に籠って祈願する習慣だった。やがて年籠りが大晦日の夜の「除夜詣」と元日の朝の「元日詣」との二つに分かれ、元日詣が今日の初詣の原形となった。

❖**チャペル**　キリスト教の礼拝堂・祭室をいう。

❖**花の窟**《はないわや》　三重県にある。社殿はないが、花窟《はなのいわや》神社ともいわれる。巨岩がご神体で、『日本書記』に記載されているというから、相当古い文化財。【三重県熊野市有馬町上地１３０】

❖**獅子巌**《ししいわ》　三重県にある。獅子の形をした岩。二〇〇四年、世界遺産の一部として登録。【三重県熊野市井戸町（国道42号七里御浜沿い）】

❖**修験者**《しゅげんじゃ》　修験道（日本古来の山岳信仰と密教が結びついたもの）の行者《ぎょうじゃ》のこと。「修験」は験《げん》を修める意。山伏《やまぶし》（山臥）とも言う。

❖**ホラ貝**《がい》　法螺貝。軟体動物門腹足綱フジツガイ科の巻貝。紀伊半島以南の熱帯西太平洋からインド洋にかけて分布。日本に限らず、インドや中国、インドネシアなどでも楽器や漁撈の合図用、また宗教儀礼用として用いられてきた。「法螺」は大日如来の説法を意味しているとか、悪霊や猛獣を避ける呪力を持つとともに、神霊を驚愕させて奮い立たせる力があるともいわれている。

❖**平家**《へいけ》　「平《たいら》姓をもつ氏族の総称を「平氏《へいし》」といい、いわゆる平氏政権を打ち立てた平清盛《たいらのきよもり》とその一族を特に「平家」と呼ぶ。

護摩焚きで火を使う修験者たち＝新宮市で

自足できます。それだけ食べ物があるということです。

よく自衛隊のレンジャー部隊が訓練で山の中で一週間過ごしたりしますが、修験者たちも同じことをやっていたわけです。だから、修験者は、今でいう一級兵士にもなれます。それぐらいサバイバル能力があるのです。❖源義経の家来だった❖弁慶ですが、恰好からしても修験者を彷彿とさせます。和歌山県の出身だといわれているし、修験者だったから強かった気がします。それから、忍者。忍者も修験者の影響を受けている気がします。忍者のサバイバル能力や、火薬や薬草、毒薬の知識なども共通しています。

修験者は❖聖《ひじり》と呼ばれますが、「ひじり」って「火知り」とも書けます。火の扱いを知っていたのです。ということは、当時、普通の人は火のおこし方を知らなかったと考えられます。熊野には、火を使った祭りが多いのですが、今でも最初の火を点けるところは一般の人には見せ

❖**源義経**《みなもとのよしつね》　一一五九〜一一八九年。鎌倉初期の武士。幼名は牛若丸《うしわかまる》、また九郎御曹司《くろうおんぞうし》と称された。父が平治の乱（一一五九年）で敗れたことから平氏の追っ手を逃れ各地を放浪、やがて奥州に赴いた。兄頼朝《よりとも》（三五頁参照）の挙兵（一一八〇年）に呼応して奥州から駆けつけ、頼朝の代官として平氏を長《なが》門《と》（山口県）壇の浦で滅ぼした。その後頼朝との不和が生じ、奥州に逃れ藤原秀衡《ふじわらのひでひら》の庇護を受けたが秀衡の死後、藤原泰衡《やすひら》に討たれた。類いまれな戦いぶりと悲劇的な生涯が後世の人々に大きな感動を与え、能や浄瑠璃、歌舞伎などの芸能が多数生まれた。また各地に義経伝説が生まれたが、その最たるものが義経は大陸に渡りジンギスカンになったというものである。

❖**弁慶**《べんけい》　?〜一一八九年?　平安末期・鎌倉初期の

祈祷されるお札＝那智勝浦町の那智の滝前で

なかったりします。だから、彼らは普通の人たちとは違うということで尊敬されました。薬草のことなどもよく知っていたので、普通の人たちから見れば、魔法のように思われたのだと思います。

ブランドになった宗教

僕は魔法なんて信じません。信じるのは人間だけでしょう。魔法の話が出たところで、今度は僕が魔法の正体をあばいてみせます。

毎年正月に熊野那智大社の滝の前で行われる「牛王神璽❖」という祭りを見に行ったときのことです。元日に那智の滝から水を汲み上げ、二日に墨をすり、熊野の神の使いの八咫烏❖七二羽の絵文字で表現した版画❖「那智法印結」をあしらった神符一〇〇枚を刷ります。それを連日祈祷し、満願となる八日に、宮司らが滝の前の祭壇に神符一〇〇枚を供え、ヤナギの枝でカシの板を打ち鳴らし、邪気を払うというものです。

要は、販売するための魔除けのお

僧。武蔵坊。源義経の腹心の郎従《ろうじゅう》。その存在は『吾妻鏡』『平家物語』に散見されて確認されるが、詳細は不明。『義経記』『弁慶物語』などの室町物語、幸若、謡曲などの作品に、豪傑として英雄的に描かれている。その生涯は実在を離れ、鬼子、捨子童子、熊野信仰、観音信仰、兵法、怪力伝説など、さまざまな伝承の型、民間信仰、伝説に彩られる。幼名鬼若《おにわか》。義経の平家討伐に尽力し、都落ちのときにも平泉まで同道、一一八九年の衣川《きぬがわ》の戦いでは立ったまま死んだといわれる。

❖**聖《ひじり》** 修行のため諸国を回った仏教僧。語源は、民間信仰の司祭者ではないかといわれる。太陽や火を知る「日知り」や「火知り」の意味だったが、仏教伝来後、「聖」の文字があてられた。

❖**牛王神璽《ごおうしんじ》** 熊野三山で配られるお札。火災、盗難除けや病気回復祈願などのために使われた。また、裏面に起請文を書き、誓約書として利用された。熊野権現に誓ったことになるからだ。

❖**八咫烏《やたがらす》** 神武《じんむ》東征のとき、熊野から大和国への道案内をしたとされる伝説のカラス。三本足のカラスとして知られているが、『古事記』『日本書紀』には、「三本足」の記述はない。どうして三本足なのかは、諸説ある。日本サッカー協会のシンボルにもなっている。

❖**版画「那智法印結」** 牛王神璽祭のための神符（お札）に八咫烏の絵文字で書かれる文字。

那智の滝の前で、ヤナギの枝でカシの板を打ち鳴らし、邪気を祓う＝那智勝浦町で

守りなどに使われるお札を作っているわけなのですが、見ていて何とも不思議な光景です。ヤナギの枝で板をたたいて、どうして邪気が払われるのか僕にはわかりません。それに、何よりも、その名前が不可解です。逸夫が神職に名前の由来を尋ねたのを僕はそばで聞いていて、びっくりしました。何で牛王神璽っていうのかと思ったら、その神職は、「昔、お札の紙をすくとき、牛の内臓を発酵させた漢方薬を入れた。版を刷る墨にもそれを混ぜていたんですよ」と説明していました。昔の人はそのお札を飾るだけでなく、時に御利益があるというので食べました。すると病気が治ったりしました。それで、昔の人は、薬が入っていると知らないから、お札のお陰だと思ったというのです。そうやって庶民の心を惹きつけたことは、僕からみればまるで冗談みたいですが、実は庶民もそれを求めていたのです。心のよりどころです。宗教の効能というものは人間社会を形成するうえでかなり重要なようです。人間社会では、おそらく宗教は

霧に包まれ、神秘的な熊野那智大社＝那智勝浦町で

なくならないでしょう。
この「牛王神璽」のお札は、かなり普及していて、「忠臣蔵」の物語の中にも出てきます。赤穂浪士が討ち入りをする前に、血判書を作る場面がありますが、彼らはこのお札の裏面に血の班を押すのです。それぐらい有名なお札だったということです。まったく人間ってへんな動物です。
そういえば、動物には宗教はないですね。動物の脳は、本能という完全な回路ができあがっていますから、想像的な部分は必要ないのです。人間の脳回路（ソフト）は不完全だから、想像力で埋める部分が必要なのだと思います。そんな人間の欠陥部分を補うための想像力が、皮肉にもいろんなものを生みだし、便利な世の中にしているのです。宗教だって、生きる規範を設けて、人間が悪いことをしないように道徳教育をしています。犬から見ると、宗教なんてまったく必要のないものですが、人間社会にとってはそういったよさもあるようです。

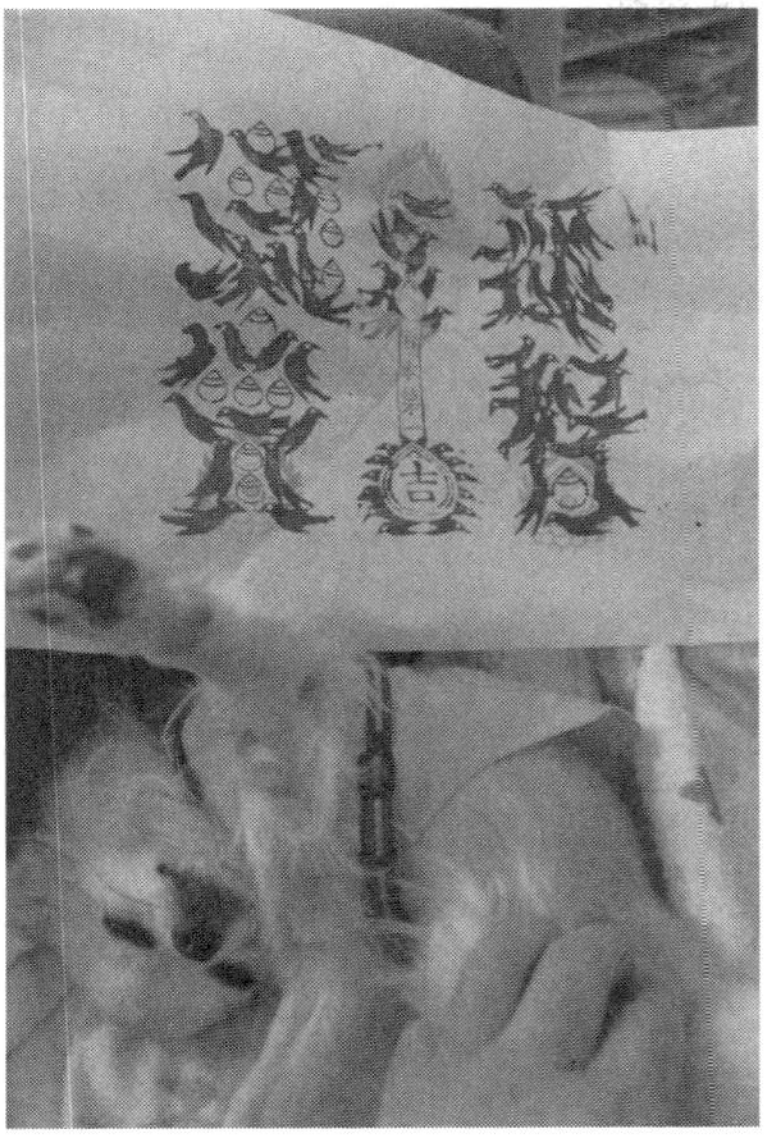
「これはお札です」

❖**忠臣蔵**《ちゅうしんぐら》　江戸時代に発生した、元禄赤穂事件《げんろくあこう》の通称。もともとは元禄赤穂事件（一七〇一年、赤穂藩主浅野長矩《ながのり》が宮中で吉良義央《きらよしなか》を刃傷《にんじょう》し、長矩は即日切腹、浅野家は取り潰された。旧臣のうち急進派四七人が翌年一二月、義央を襲撃して殺害した。その後罪を問われて切腹）を題材にした物語をさす。

❖**赤穂浪士**《あこうろうし》　赤穂は播磨《はりま》国（別称は播州《ばんしゅう》。現在の兵庫県南西部）旧赤穂藩（現在の兵庫県赤穂市、相生《あいおい》市、上郡《かみごおり》町周辺）のこと。浪士とは、主家を離れ禄《ろく》を失った武士や、使える主君を失った武士のことをいう。

❖**血判**《けっぱん》　文書の差出人が誠意を強く表すため、署名や花押《かおう》の上に自分の指を切って血を押すこと。願文《がんもん》・起請文《きしょうもん》・契約状等に用いる。戦国時代に武士たちの間で盛んに行われた。

さて、この辺では、平安時代から鎌倉時代にかけて、「蟻の熊野詣」といわれるぐらい、熊野三山を訪れる人が多かったといいます。

蟻の熊野詣については、僕もいろいろ調べました。天皇家の人たちが京都や奈良から訪れたのが始まりです。天皇家が来れば、庶民の人たちも、これは御利益があるだろうとなります。すると、皆が押し寄せ、その姿がまるで蟻の行列のようだったというので「蟻の熊野詣」と呼ばれるようになったのです。そういうわけで天皇家が訪れたことは、一種のブランド化に役だったわけです。

明治時代にも似たような話がありました。❖木村屋のあんパンの話です。当時、パンはまだ普及していませんでした。木村屋はあんパンを作ったのですが、これをどうやって庶民に売るかと思案しました。何しろ、庶民は米や麦ばかり食べていて、パンを知らないのですから。そこで、天皇に食してもらったのです。そして、〝天皇も食べたあんパン〟として売り出したのです。天皇が食べたのだから、さぞや美味しいものなのだろうというので、日本にあんパンが広まったというわけです。

じゃあ、何で天皇家は熊野に来たのでしょうか。それは、本当にここへ来れば御利益があると思ったのかもしれないし、美しいところだから、観光気分で来たのかもしれない。また、一説には、熊野は金持

フータも熊野詣＝新宮市の熊野速玉大社で

❖**木村屋《きむらや》のあんパン**　木村安兵衛《やすべえ》（一八一七～一八八九年）が明治維新で武士の職を失った後、パンの製法を知っているコックと出会い一八五九年パ

比丘尼の恰好をしたガイドが曼荼羅図の解説をしてくれる＝新宮市で

ちだったから、お金が献上されたのかもしれない。何しろ熊野は山が多いから木材が豊富。昔は、燃料といったら木と炭でしたから。それにもちろん建築資材としても使われました。熊野の備長炭は有名ですから、江戸時代に相当の木材と備長炭が、新宮市から江戸に運ばれました。だから、紀州藩は徳川御三家といわれるほどの大大名で、幕府を支えることができたのです。熊野速玉大社は、日本で最初の金貸し業をやったといわれています。その台帳が残っているそうです。

では、どうして熊野の木材が人気があったのでしょうか。それは、熊野の木は神が宿っているとされたからです。熊野三山のおかげです。これも一種のブランド化です。また備長炭は、燃焼温度が比較的低く、長時間一定の温度が持続できるから、調理にも向いていました。だから人気が出ました。

「熊野神社」は日本全国に三〇〇〇社を超えます。普及した一つの理由として熊野比丘尼の存在があります。比丘尼は、女性宗

ン屋「文栄堂」を開店、パンの製造販売に乗り出した。翌年、屋号を「木村屋」に改め、日本人の口に合うパンの製法を模索した。

❖江戸時代《えどじだい》 一六〇三～一八六八年。徹底的な政局安定策を取り、武家諸法度の制定や禁中並公家諸法度など諸大名や朝廷に対し、徹底した法治体制を敷いた。二六〇年以上続く長期安定政権の基盤を確立し、「天下泰平」という日本語が生まれるほどの相対的平和状態を日本にもたらした。

❖紀州藩《きしゅうはん》 和歌山藩ともいう。紀伊《きい》国和歌山（現在の和歌山市）に城域を持つ大藩《たいはん》。一六〇〇年に浅野幸長《よしなが》が甲斐《かい》国（現在の山梨県）から入封、一六一九年に広島に転封後、徳川頼宣《よりのぶ》（徳川家康の十男）が駿府《すんぷ》（駿河《するが》国（現在の静岡県中部・北東部）の国衙《こくが》（役所）が置かれた都市のこと）から入った。以後、吉宗《よしむね》（第八代）・家茂《いえもち》（第一四代）の二将軍を出す。特産物の醤油・酢・みかん・備長炭《びんちょうずみ》などは藩の専売だった。

❖徳川御三家《とくがわごさんけ》 徳川将軍家の親藩のうち尾張《おわり》（現在の愛知県西部）徳川家・紀伊徳川家・水戸《みと》（常陸《ひたち》にあって現在の茨城県中部・北部）徳川家の三家をさす。将軍の次、他の諸大名の上に位置する待遇。政治の重要案件の相談を受けることもあり、将軍家の跡継ぎのいない場合、継嗣《けいし》にたつこともあった。

❖熊野比丘尼《くまのびくに》 日本全国を回り、熊野信仰を広めた女僧。地獄、極楽を絵解きしながら解説した。後には、売春をして歩いた者もいたと伝えられている。

比丘尼とフータ＝新宮市で

教者で、熊野三山の運営資金集めと布教活動のため諸国を巡り歩いたのです。歌念仏❖を歌ったり、熊野信仰の天国と地獄を表した曼荼羅❖を持って絵解きをして熊野権現の慈悲❖を説いたのです。つまり、宣伝が上手だったのです。絵とか歌で説明されると人間は弱いですからね。現代でも、視覚と聴覚に訴えるテレビにものすごく影響されていますね。

本来の姿に、犬のようなシンプルな姿に戻ったほうがいいのではないでしょうか。犬は宗教観がないから、即物的です。人間の社会には不合理こそが合理的な面があるから、よくわからない。天皇制なんかまさにそうです。人間は平等だと教えていながら、そこは平等ではない。しかし、天皇制が敷かれていることで、どれだけ楽に国を治めることができているのでしょうか。宗教もそれに似たところがあります。不合理なようで、道徳観を養ったり、秩序を維持するのに非常に効力を発揮しています。何よりも、人間を謙虚にさせています。そうなると、何が正しいのか、何が合理なのか、犬の僕にはちんぷんかん

❖ **歌念仏**《うたねんぶつ》　江戸時代、伏鉦《ふせがね》を打ち鳴らし、念仏に節をつけて種々の歌や文句を歌った門付《かどつ》け芸の一種。これを歌って勧進をする尼を歌比丘尼《うたびくに》といった。

❖ **曼荼羅**《まんだら》　「曼陀羅」は梵語「マンダラ」の音写。原形はインドで五～六世紀にできたとみられ、語源は「本質を得る」の意。仏・菩薩が集った相《すがた》の図をいい、多くの形式がある。

❖ **慈悲**《じひ》　仏教用語。「慈」は梵語「マイトリー（友情）」の訳。「悲」は梵語「カルナー（呻《うめ》き）」の訳。限定された友情でなく、すべての人に最高の友情をもつことと、他人の苦しみを自らの苦しみとすることを意味する。

❖ **長州藩**《ちょうしゅうはん》　萩《はぎ》藩ともいう。長門《ながと》国萩（現在の山口県萩市）を城地とする外様大藩。周防《すおう》・長門の二カ

ぷんです。
それから、付け加えたいことがあります。熊野は金持ちだったといいましたが、現在はそんなこともないのです。むしろ、時代に取り残されている感があります。その理由は、今やエネルギーは炭に変わって石油になったし、木材は海外から安いのが輸入されるようになったから、熊野の木材が売れなくなったのです。
もう一つ考えられる理由があります。明治時代になり、政権が変わったことです。熊野は江戸時代は紀州藩として大金持ちだったのですが、江戸の後期に、徳川幕府と長州藩の仲が悪くなり、長州征伐では、紀州藩が率先して戦ったのです。それが災いしたのです。明治時代になって、薩摩・長州が政権を握るようになって、薩長は紀州の反発を恐れたのです。何しろ紀州にはお金があります。謀反を起こしかねないのです。そこで廃藩置県を行うとき、熊野川で紀州藩をぶった切って和歌山県と三重県に分け、勢力を弱めたといいます。さらに、薩長が牛耳る中央政府は、熊野に税金を投入することを避けたのではないかと思われています。だから、いまだに高速道路がありません。列車の便数も少ない。実際に、事件も起きました。一九一〇（明治四三）年に起きた大逆事件です（第一〇章参照）。幸徳秋水ら社会主義者や無政府主義者たちが天皇暗殺計画を立てたという疑いで、全国各地

国を領有。幕末には尊王攘夷運動を主導し、薩摩藩《さつま》（次注参照）とともに明治維新の原動力となった。

❖**薩摩藩**《さつまはん》　江戸時代に、現在の鹿児島県と宮崎県南西部を領有し、琉球王国を支配した藩。藩主は島津氏。幕末から明治時代にかけて、西郷隆盛（一一三頁参照）や大久保利通など多くの政治家を輩出した。

❖**廃藩置県**《はいはんちけん》　藩体制を完全に解体した明治初期の政治改革。強力で集権的な政府を樹立する必要に迫られて一八七一年に詔《みことのり》を発し、各県に政府任命の知県事（後に県令）を置いた。統廃合を重ねて同年末には三府七二県となった。

❖**熊野川**《くまのがわ》　奈良県吉野郡を南流し、和歌山県と三重県の県境を流れる。源流は大峯《おおみね》川（奈良県大峰《おおみね》山脈）といい、天《てん》ノ川、十津《とつ》川と名称が変わり、奈良県十津川村七色《なないろ》と和歌山県東牟婁《むろ》郡本宮《ほんぐう》町土河屋《つちごや》との間の県境を超えて熊野川となる。

❖**幸徳秋水**《こうとくしゅうすい》　一八七一～一九一一年。明治期の社会思想・運動家。高知県の薬種業の次男として生まれる。本名は伝次郎で、「秋水」は師・中江兆民《なかえちょうみん》から授かった号。生後一カ月足らずで父を失い家業も没落し、生来病気がちだったこともあり満足な教育を受けられなかった。高知県という土地柄もあり、幼い頃から自由民権思想の影響を受けた。日露戦争反対を唱え、平民社を結成、「平民新聞」を刊行するが筆禍で入獄。出獄後渡米し、無政府共産主義（一三七頁参照）に傾く。一九〇六年帰国。

田植えをする早乙女姿の中学生ら＝新宮市三輪崎で

で二六人が起訴されました。その多くは冤罪です。なかでも新宮市では六人が犠牲になり（死刑二人、無期懲役四人）、最も数が多かったのです。

そんな複雑な事情もありますが、熊野の人たちは信心深く、今も宗教を中心に動いています。右の田植えの写真なんか、そんな気がします。女の子たちがきれいな服で田植えしています。これは、毎年田植えと稲刈りのときに行われる神事。中学一年の娘五人が早乙女❖姿で苗を植えています。植える前には、神社から神職が来て、お払いをして❖五穀豊穣を願うのです。今でも、こんなことをやっているのです。まるで平安時代にタイムスリップしたようでした。さて、次は風俗についてレポートします。

❖早乙女《さおとめ》　日本の田植えで、苗を本田に植え付ける女。植女《うえめ》ともいう。早乙女の「サ」は田の神を意味し、早乙女はもともと田の神祭祭に奉仕する若い女性だったようだ。

❖五穀豊穣《ごこくほうじょう》　穀物などの農作物が豊作になることを幅広くさす言葉。「五穀」の内容は時代や地域によって違っており、一定していない。また具体的な五種をささず、穀物全般の総称として用いられることもある。『古事記』では米・麦・粟・大豆・小豆。『日本書紀』では米・麦・粟・稗《ひえ》・豆の五種類の穀物のこと。現代では米・麦・粟・黍《きび》または稗《ひえ》・豆をさすことが多い。

稲刈りもする

第二章　風俗

✿餅のない正月

熊野には、奇妙な風習や祭りがたくさんあります。その一つが、那智勝浦町二河《にこう》の正月。そこでは門松❖の代わりにシイ❖の木を飾るのです。また、正月に餅を食べない❖のです。

二河地区の村上幸弘区長（当時六二歳）の家では、今もこの風習を残していました。玄関前にくいを打ち、そこに年の瀬に山で切り出した高さ二メートルのシイの木を結びつけます。なぜ、シイなのかはわからないと言います。

長崎県には、平戸藩❖の殿様が、松の代わりにシイを使ったという伝説があります。実は、地方によっては、普通の門松の台座部分にシイの木が使われていたりしています。それは、縄文時代❖、シイの実であるドングリを食べていた名残だと思われます。もともと人間は縄文

❖**門松《かどまつ》**　日本で正月に家の門口に立てる松飾り。元来は年神《としがみ》の依代《よりしろ》（神霊が宿る対象物）なので、家の中に立てるところもある。中世以降、竹を一緒に飾るようになった。木は一二月一三日に切るところが多く、立て終えると火祭《ひまつり》のときに焼却する。

❖**シイ**　ブナ科。常緑の高木で暖地に自生。庭木としても普通に栽植される。花は五〜六月頃に咲き、翌年の一〇月に果実が熟す。中身（種子）は甘みがあり、生で食べるほか、炒ったり蒸したりして料理する。

❖**正月《しょうがつ》に餅《もち》を食《た》べない**　もち米を蒸して臼でついたものが餅で、晴《はれ》の日の食べ物。正月に餅を食べない地方はほかに、長野県や埼玉県の一部地域でもみられ、餅の代わりに里芋や山芋を食べる。

❖**平戸藩《ひらどはん》**　肥前《ひぜん》国（現在の長崎県）北松浦郡と壱岐《いき》国を合わせ領有した外様《とざま》中藩。一五八七年、豊臣秀吉の九州征伐の後、近世大名としての地位を確立した。

❖**縄文《じょうもん》時代《じだい》**　紀元前一四五世紀〜紀元前一〇世紀。日本列島で発展した時代。世界史では中石器時代から新石器時代に相当する。名称は当時作られた縄目文様の土器を「縄文（あるいは縄紋）土器」と呼んだことに由来する。

シイの木の門松におこわなどを供える村上さん＝那智勝浦町二河で

時代には普通のクリを食べていました。❖三内円山遺跡を見ると、当時の人たちはクリを栽培していたのがわかります。建物もクリの木で造っています。縄文時代の前期にはクリが主食でしたが、後期に入るに従ってドングリやトチ❖の実に移行しています。ということは、気候変動かクリの病気で、クリがあまり採れなくなったと考えられています。ドングリやトチはアク抜きが大変なのに、それしか食べる物がなかったからです。

そのお陰で生き延びてきたわけだから、感謝の気持ちを込めて、シイが祀られているのだと考えられます。トチの実は、地方によっては、大事に扱われていました。たとえば、長野県の栄村では、第二次世界大戦ごろまで、個人で採るのは禁止されていたそうです。村全体の所有物だったからです。それは、おそらくトチの実は、村が飢餓で絶滅しないための最後の食べ物だったからではないでしょうか。

餅を食べないのは、❖戦国時代にさかのぼります。時の領主が敵に攻

❖**三内《さんない》丸山《まるやま》遺跡《いせき》**　青森県青森市にある縄文時代前期から中期末の大規模集落跡。二〇〇〇年に国の特別史跡に指定された。約七八〇軒にも及ぶ住居跡、祭祀用に使われたと思われる大型掘立柱建物が存在したと想定されている。土偶の出土も多い。クリが栽培されていたことも判明している。

❖**トチ**　トチノキ科トチノキ属の落葉広葉樹の種子。日本特産。花は五～六月、直径四センチほどの果実が熟して割れると赤褐色で艶《つや》のある種子を落とす。種子はクリの実より大きく、栗の先のとんがりをなくして丸くしたような形。多量のでんぷんが含まれているが、渋み、苦みが強い。アクを取ってトチ餅やトチ粥、現代ではトチの実煎餅《せんべい》などに利用さ

められ、一二月三〇日にこの地で果てたといわれています。そのときの戦で大勢の若者が戦死し、餅をつけなかったからというのが有力な説。餅をつくとたたりで、餅から血が出るともいわれています。

　二河では、餅はないけれど、蒸したおこわ飯を食べています。きっと、おこわ飯は炊けたけど、餅をつく前に若者が殺されたからです。だから、おこわ飯だけ食べたのでしょう。先ほどのシイの門松にも、おこわ飯をちゃんとお供えしています。何だか日本昔話のような世界です。

　村上さんの話を聞いていて、逸夫が驚いたことがあったといいます。逸夫の生まれ故郷の愛媛県では村上という姓が多いのです。瀬戸内海には、かつて大きな勢力を持つ❖村上水軍がいたからです。それで、逸夫は、「村上さんの祖先は、どこの人ですか？」と尋ねたのです。すると、「瀬戸内海だ」と答えました。自分は村上水軍の末裔で、祖先は、豊臣秀吉に水軍を解散させられ、その後、紀伊半島を伝って熊野地方にまで逃げ延びてきたというのです。自分だけでなく、村上姓が多い部落が❖古座川あたりにあるともいいます。熊野にも❖熊野水軍という海賊集団がいましたが、村上水軍がこんなところにまで来ているというのです。やっぱり海で生活している人たちは、行動範囲が広いですね。

　もう一つ、ついでに話しますが、村上さんは電気屋さんだけど、農業も営んでいます。その農地にシカやイノシシがやってきて困るので、

れている。

❖**戦国時代**《せんごくじだい》　室町時代後期にあたり、応仁《おうにん》・文明の乱が起こった一四六七年から、室町幕府が織田信長《おだのぶなが》（一五三四〜一五八二年）により滅ぼされた一五七三年までのほぼ一世紀をさすことが多い。京都にある幕府の勢力が衰え、各地に戦国大名が割拠《かっきょ》し武力抗争を繰り返したので、この呼称がある。

❖**村上水軍**《むらかみすいぐん》　中世後期に「三島村上氏」と呼ばれ、瀬戸内海の因島《いんのしま》、能島《のしま》、来島《くるしま》を拠点に活躍した海上の武装集団。海賊行為をする一方で、近隣荘園の所務や海上警護を担って勢力を伸ばした。来島村上氏が豊臣秀吉の勢力下に入るに及び、三島の村上氏は分裂。秀吉が一五八八年に海賊禁止令を出すと、その組織は解体した。

❖**古座川**《こざがわ》　東牟《む》婁《ろ》郡と西牟婁郡の境にある大塔《おおとう》山（一一二一メートル）に発し、熊野灘に注ぐ全長約四〇キロの二級河川。七川《しちがわ》ダム辺りから深い渓谷をつくり、その下約一五キロが景勝古座峡となり、一枚岩・虫喰岩・牡丹岩などの奇景を形成。「平成の名水百選」（二〇〇八年に環境省が選定）や「日本の秘境１００選」（一九八八年にＪＴＢが選定）に選ばれている。

❖**熊野水軍**《くまのすいぐん》　紀伊半島の南東部で活躍した海賊。その勢力は瀬戸内海にまでおよび、平安時代末期の内乱や源平合戦にも登場した。平野部が少ない紀伊半島だから、早くから水軍が発達したようだ。

ワナをしかけて捕っているというのです。逸夫は僕に内緒で、捕獲されたシカを見にいったそうです。そのときのシカが僕にそっくりだったと言います。だから、帰りに、村上さんから「持ってけ」と、大きなシカの肉をもらったけれど、僕の顔がダブってとても食べられなかったそうです。あたりまえですよね。僕を食べないでくださいよ。

七草がゆ

　正月の話が出たので、七草❖がゆの話をしましょう。といっても、僕は七草がゆを食べたこともないし、まったく知らなかったのですが。僕はペットフードだけで十分だけど、人間っていろんな物を食べなければならないから、やっかいな動物です。

　新宮市熊野川町には「七草がゆを食べる会」というのがあります。台風で熊野川がよく氾濫するところです。主催は、「みちしば」と呼ばれる草で草履を作る人たちで結成した「みちしばグループ」。毎年正月の七日に開かれます。参加者は、「ななくさなずな　唐土《どうど》の鳥が……」と七草の歌を歌いながら、セリ、ナズナなどの七草をきざみ、鍋で炊きこんで作ります。できあがった七草がゆをおわんに入れて、全員で味わう。実に素朴な会なのです。

　そこで注目したのは、その歌の歌詞です。

歌を歌いながら七草をきざむ＝新宮市熊野川町で

❖**七草**《ななくさ》　七草とは七種の菜をいう。春はセリ・ナズナ・ゴギョウ・ハコベ・ホトケノザ・スズナ・スズシロ、秋はハギ・オバナ・クズ・ナデシコ・オミナエシ・フジバカマ・アサガオ（今のキキョウとの説あり）など。春の七草は一月七日に粥に入れて食べるので七草の節句という。秋のは見て楽しむ。

全文を紹介すると、「ななくさなずな　唐土《どうど》の鳥が、日本へ渡らんまに、かき寄せひき寄せ、ガタガタガタガタ」となります。唐の鳥は病気を意味し、中国から流行病が、つまりインフルエンザが来る前に、七草を食べて病気を追い払おうという願いが込められています。

昔から、インフルエンザが外国から来ることを知っていたようです。

逸夫は、七草がゆを食べる習慣は、お正月に飲み食いばかりしているから、七日目ぐらいには、お腹を休めるために消化のいいかゆを食べなさいという意味ぐらいにしか思っていなかったというんだけど、七草がゆは、インフルエンザ予防のための薬の役目をしていたということです。

僕はこの小口《こぐち》地区に何度か行ったけど、すごい過疎の村で、集会といっても、おばあさんばかり一〇人ぐらいしか集まらない。冬のどん❖ど焼きに取材に行ったときには、五、六人で燃やしました。でも、その中にしっかり修験道の経験者がいて、どんど焼きの始まるときに、ホラ貝をボワ〜と吹き始めたのにはびっくりしました。こんな小さな村にまで宗教はしっかりと浸透しているのです。

それから、みちしばグループの代表の岡崎良子さん（当時八七歳）は、僕用の草履を編んでくれました。僕は人間じゃないから、歩きにくくて嫌だったけど、犬のためにわざわざ草履を編んでくれるなんて、と

❖**どんど焼《や》き**　小正月《こしょうがつ》（大《おお》正月である元日に対し、旧暦の一月一五日、あるいは一月一四〜一六日までの総称。新暦の一月一五日に転じてさすことも）の火祭行事。「とんど」「どんど」「どんどん焼き」などとも呼ぶ。正月飾りの処理を行うとともに、正月の神送り、厄落とし、その年の豊作・凶作を占うところもある。

「七草を食べる会」を取材中のフータ＝新宮市熊野川町で

ても優しい人たちです。感激してしまいました。お礼に、逸夫が岡崎さんの買い物を手伝ってあげていました。体調が悪くて車を運転できないというから、逸夫が電子レンジを買ってきてあげました。過疎の村の老人たちは大変だと思いました。

✿ 花火

熊野の花火は変わっています。花火の形のことではなく、考え方です。花火は単なる遊びの道具ではなく、供養なのです。線香を供えるのと同じ意味を持っています。

　熊野では、花火は盆に、先祖の供養のために上げるものなのです。盆には、どこの市町村でも花火大会が開かれます。大会の最初に必ず坊さんが来て、お経を上げます。それから普通の花火の間に、「○○家の○○さんが亡くなったので、○○家によって花火が打ち上げられます」とアナウンスがあって、皆が見物するのです。

　もっとも、僕は花火の音が怖くて見る気なんかしなかったですね。まるで大砲の音みたいですからね。大砲といえば、ここで初めて見たのですけど、打ち上げ花火を斜めに上げたりもします。それは、本当に大砲のようです。

　クジラ漁で有名な太地町の花火大会は、盆踊り❖と一緒に行われます。

盆踊りの真ん中には、「南無阿弥陀仏」の文字が＝太地町で

❖**盆踊《ぼんおど》り**　盆に祖霊の歓待と送りの儀礼としておどる踊り。「舞踊」という語があるが、舞いは旋回運動を基とし神迎えの、踊りは上下運動を基とし神送りの意味を持つという。徳島市の阿波踊り、沖縄のエイサーも盆踊りの一種である。

❖**南無阿弥陀仏《なむあみだぶつ》**　仏教で阿弥陀仏に南無（帰命《きみょう》、帰依《きえ》ともいう）する意の語。これを称えると阿弥陀仏の名を呼んで助けたまえと信順することになるから、盆踊りをする真ん中にやぐらを建て、その下にしっかりと「南無阿弥陀仏❖」と書いてあります。踊る前には、お経とともに線香も焚きます。逸夫の故郷の愛媛県でも、子どものころは、位牌❖を背負って踊っているおばあさんがいたといっています。これが本当の盆踊りなのです。今どき、都会でやっている盆踊りは、単なる商業主義のイベントだったりレジャーにすぎません。本来の意味のお盆を忘れています。花火にまで供養の心を偲ばせるなんて、なんて信仰が熱いのだろうと思います。聞くところによれば、東京の隅田川の花火も、江戸の大火災の犠牲者を弔うために始まったそうです。もう、そんなことすっかり忘れられているようですがね。

今も残る餅投げ

お盆も見てほしいけど、餅投げも体験してほしい。

餅投げって、全国的に見れば、もう珍しい風景だと思いますが、ここ熊野ではどこでも行われている日常の光景です。逸夫の故郷でも昔、家の新築祝いなどで餅投げが行われていたといってるけど、それは本当に子どものときだけで、今はすっかりなくなっているそうです。逸夫が二七歳のとき、名古屋市で一度だけ餅投げを見たらしいけど、それ以来約三〇年間、ずっと見たことがなかったのが、熊野に来ると、

名号《みょうごう》とか念仏ともいう。浄土教ではこれを唱えると極楽浄土に往生する、真宗では報恩《ほうおん》感謝の意と説くなど、宗派により教えに違いがある。

❖**位牌**《いはい》　霊牌ともいう。死者の法名（戒名）を書いて祀る木札。中国の儒教の風習からきたという。

斜めに打ち上げられる花火＝三重県熊野市で

熊野ではよく見られる餅投げ風景＝太地町で

どこでも餅投げをやっているというのです。

餅投げをやらないと、人が集まらない。ただでさえ、人口が少ないからです。式典には来なくても、そろそろ餅投げが始まるぞという時間になると、どこからともなく人が現れてくる。みんな餅投げの時間をよく知っています。娯楽の少ないところだから、それだけ楽しみにしているのでしょう。節分でも、豆をまいた後、餅投げをやるのです。子どもたちが集まるところでは、お餅の代わりに、袋に入れたお菓子を投げたりしています。

本州最南端の日本酒

取材先で、餅をよくもらいました。日本酒をもらうこともよくありました。この辺は熊野三山だけあって、日本酒が中心。お神酒に使うからです。でも、本来、ここの緯度では暖かすぎて日本酒はできないはずなんです。もう焼酎の圏内なのです。

❖**節分**《せつぶん》 季節の変わり目、立春・立夏・立秋・立冬の前日をいうが、とくに立春の前日をいい、この日に豆まき（追儺《ついな》）を行う。陰陽道《おんようどう》ではこの頃、陰と陽が対立して邪気（鬼）が生ずるとし、それを豆で追い払う意がある。また邪の嫌がるニンニク類やイワシの頭を焼いてヒイラギの枝に刺して戸口に立てたりする。

❖**お神酒**《みき》 神に供える酒のこと。供物の中でも重要な位置を占める。「お」と「み」は、いずれも美称を表す接頭語。かつて、伊勢神宮をはじめとする規模の大きな神社では酒殿を備え、祭祀用の酒を醸造していた。日本では、神に供えられた神饌《しんせん》（供物）を下げ、参加者が食事をする直会《なおらい》がある。これは、神と人がともに食事をする、いわゆる神人共食《しんじんきょうしょく》を意味し、祭の重要な要素となっている。

❖**焼酎**《しょうちゅう》 醸造酒（日本酒、ぶどう酒、ビールなど）またはその粕《かす》を蒸留してつくったアルコール濃度が高い蒸留酒の一つ。

新宮市で、熊野地方唯一の蔵元「尾崎酒造」の新酒の仕込みを取材したことがあります。新酒の作業が始まるのは一一月で、蔵人たちは連日、大きな樽《たる》の中のもろみを櫂でかき混ぜて、発酵をうながします。麹室では、この道三〇年の杜氏、中村庄一さんが仕込んだ麹を出し、味と香りを確かめ、樽に入れていました。後で、社長が説明してくれました。

尾崎酒造は、本州最南端の日本酒の蔵元です。本来なら日本酒はできない土地柄だけれど熊野川が流れているので、川のそばにある同酒造は空気が冷やされるというのです。日本酒は、水がよくて、気温が低くないとできないから、冬場に仕込みをします。熊野川のお陰で、この地に日本酒ができるようになったのです。熊野三山もお寺も多いし、温泉街もあるので、需要もあるというわけなのです。

味は甘口で美味しいそうです。逸夫はそこの日本酒もよく飲んでたけど、焼酎「熊野水軍」も好きらしい。クセがなくて、じゃばらの果汁を垂らして飲むと、独特の香りが出ていいといっています。熊野で飲んでいる気がするというのです。僕は、お酒はまったくダメです。そんなの飲んだら、敵にスキを見せることになるから、動物の世界では御法度なのです。

えっ、じゃばらって何かって。それは北山村で採れる柑橘類ですが、

大樽に入れたもろみを混ぜ、新酒の仕込みに忙しい＝新宮市で

大きな絵馬に絵を描く宮司＝新宮市の熊野速玉大社で

第六章で説明します。

✿絵馬の原型

絵馬を知っていますか。神社やお寺に祈願するときや、願いが叶ってその謝礼をするときに奉納する絵が描かれた木の板のことです。

大きいものでは、神社が自分のところで作ったものがあります。正月に干支❖の絵を描いて飾ったりしています。個人で奉納するときのために、馬の絵が描かれており、余白や裏面に祈願の内容や氏名などを書きます。寺社で販売されています。

どうして馬の絵なのか、どうして犬じゃないのだろうか。それを調べたけれど、奈良時代❖の『続日本紀』❖に、神の乗り物として神馬《しんめ》を奉納していたことが記されています。馬が本殿に入れて、犬が入れないってルールはそこからきているに違いありません。けしからんことです。

悔しいけれど、昔は、馬は貴重なものだったようです。庶民は高価

日本酒の味見＝新宮市で

❖**干支《えと》**　本来は、十干《じっかん》（甲《きのえ》・乙《きのと》・丙《ひのえ》・丁《ひのと》・戊《つちのえ》・己《つちのと》・庚《かのえ》・辛《かのと》・壬《みずのえ》・癸《みずのと》〔訓読み〕）と十二支《じゅうにし》（子《ね》・丑《うし》・寅《とら》・卯《う》・辰《たつ》・巳《み》・午《うま》・未《ひつじ》・申《さる》・酉《とり》・戌《いぬ》・亥《い》〔訓読み〕）を組み合わせた六〇を周期とする数詞。中国などアジアの漢字文化圏において、年・月・日・時間や方位、角度、ことがらの順序を表すのにも用いられ、さまざまな占いにも応用された。中国の殷（紀元前一七世紀～紀元前一一世紀）代が起源。日本語で「えと」という場合、十二支だけをさす用法がよくみられる。

❖**奈良時代《ならじだい》**　平城京に都がおかれた時期を中心とする八世紀をさす。律令法による国家制度が確立した。史書として『古事記』『日本書紀』が編纂《へんさん》され、『万

な馬はなかなか献納できなかったので、紙や粘土で作った馬の像を納めるようになり、平安時代には板に描いた馬の絵で代用するようになったとか。室町時代になると、馬だけでなくいろいろな絵が描かれるようになります。武者の絵だったり、稲荷神社ではキツネの絵だったりしました。

もう一つ、絵馬の原型となった「御正体《みしょうたい》」というものがあります。最初見たとき、何なのかよくわかりませんでした。人間は、ときどき訳のわからないものを大事にしますからね。

御正体とは、平安から鎌倉時代に多く見られた懸仏のことで、多くは円形の銅板、鉄板、木版などに仏像が彫られ、つり掛けられるようになっています。熊野では、新宮市の阿須賀神社裏の蓬莱山で一九四点が見つかったそうです。全国には熊野三山のご神体をかたどった御正体が多く、熊野信仰が広まったことがよくわかります。

平安から鎌倉時代に多く見られた御正体＝新宮市で

滋賀県立安土城考古博物館学芸員の山下立さんは、

葉集』などの文学作品もつくられた。国際的な天平《てんぴょう》文化が栄え、日本文化や貴族社会の基盤が形成された。天皇制も確立された一方で、政変や内乱も相次いだ。

❖ **続日本紀**《しょくにほんぎ》 六国史の一つで『日本書紀』に続く第二番目の勅撰の正史。全四〇巻で七九七年に完成。『日本書紀』に比べて潤色が少なく、奈良時代の資料として重視されている。

❖ **室町時代**《むろまちじだい》 「足利《あしかが》時代」ともいう。南北朝合一がなった一三九二年から室町幕府が織田信長に滅ぼされた一五七三年までの二世紀弱をさすことが多い。足利氏が京都の室町に幕府をおいた時期に当たるので、この名がある。

❖ **懸仏**《かけぼとけ》 銅などの円盤に仏像の鋳造などをつけたもの。平安時代に、日本の神々の本地は仏菩薩であるという本地垂迹《ほんちすいじゃく》、神仏習合の考え方から生まれた。柱や壁にかけて礼拝した。

❖ **阿須賀神社**《あすかじんじゃ》 もと熊野速玉大社の摂社。蓬莱山南麓に鎮座。熊野速玉大社・熊野夫須美大神《ふすみのおおかみ》・家津美《けつみ》御子大神《みこのおおかみ》が主神。境内地には阿須賀遺跡があり、弥生時代の土器が出土。例祭は熊野速玉大社と同じ一〇月一五日。【新宮市阿須賀１の２５の２５】

❖ **蓬莱山**《ほうらいさん》 標高約四〇メートル。岩室の蓬莱山経《きょう》塚《づか》からは銅銭や銅版金具などが出土。この経塚に接した地から、平安時代末期から室町時代初期にかけて作られたとみられる約四〇〇点の懸仏式銅板御正体が発見された。【新宮市阿須賀１の２５の２５】

「御正体は仏教伝来により神仏習合❖の考えが頂点に達したころ流布したもの。室町、江戸時代に大衆化し、量産化されるようになった」と解説しています。

御正体なんて見たことがなかったけれど、熊野には不思議なものが残っています。そんなものから絵馬に変化していったなんて、逸夫だって知らなかったようです。日本人なのに、日本のことを知らない人が多い。困ったものです。もっと学校で教えればいいのに、と思います。何しろ、現在の教科書には熊野のことが一行も書かれていません。第二次世界大戦❖の前までは、熊野のことがよく教科書に出ていたそうですが、米国の進駐軍❖がきて、日本古来のものは値打ちがないと、『古事記』や『日本書紀』の世界を教えなくなったようです。だから、欧米かぶれした日本人が多いんだよなあ。逸夫だって、一度も着物を着たこともないらしい。そういえば、日本の皇室だって、日本の文化を大切にしていない。海外から要人が来日したとき、宮中晩餐会なんか、西洋音楽を流しながら、シャンパン❖で乾杯し、フランス料理なんか食べてるもんな。もちろん、着ているものも洋服。迎賓館なんか、まるでフランスのベルサイユ宮殿❖の物真似。情けないよな。熊野にはいろんな日本文化が残っているんだから、もっと見直してほしいです。まあ、僕には関係ないことですけれどね。

❖**神仏習合**《しんぶつしゅうごう》　土着の信仰と仏教信仰を折衷して、一つの信仰体系として再構成（習合）すること。一般的に日本で神祇《じんぎ》信仰と仏教との間に起こった現象をさすが、広義では、世界各地に仏教が広まった際、土着の信仰との間に起こった現象をもさす。

❖**第二次世界大戦**《だいにじせかいたいせん》　ベルサイユ・ワシントン体制下の秩序を、英・米・仏だけを利するものだと批判する日・独・伊三国が、それぞれ局地的に領土の拡張を図り、武力で勢力均衡を破ったことに起因する世界戦争。一九三九年のドイツのポーランド侵攻で始まった。一九四一年には太平洋戦争が勃発。四三年にイタリア、一九四五年にドイツと日本が無条件降伏文書へ調印したことで終結した。

❖**進駐軍**《しんちゅうぐん》　自国以外の国に駐屯している軍。日本では、主に第二次世界大戦後の連合国軍をさす。

❖**シャンパン**　フランスのシャンパーニュ地方で生産されたブドウのみを使った発泡ワイン。

❖**ベルサイユ宮殿**《きゅうでん》　一六八二年にフランス王ルイ一六世が建てたフランスの宮殿。フランス絶対王政の象徴ともいわれる。バロック建築の代表作で、豪華な建物と広くて美しい庭園で有名。

COLUMN

フータのこと

〈逸夫による解説〉

ここで、フータのことを話しておく。

報道犬フータは、最初は普通にペットとして存在していたが、そのうち、服の上に「報道犬」と書いて歩くようになった。一〇〇円ショップで買った犬用のレインコートの上にマジックで書くと、これがいかにもの感じがしてきた。消防署や警察のレインコートと同じ感じなのだ。

ある祭りを取材しに行ったとき、フータを見たおじさんが、「報道犬ってなに?」と聞いてきた。「いや、私が新聞記者なので、犬も一緒に取材しているんです」と答えると、小学生の娘さんを呼び、フータと一緒に記念写真におさまった。そして、帰り際に、そのお父さんは娘さんに「今日は、いいもの見たね。珍しいものをね」と話していた。

あ、この人たち、報道犬のことを本気にしていると思った。私は洒落《しゃれ》でペットを連れて歩いていたのに、これは真面目にアイドル犬としてやらんといかんと思い始めた。そして、フータの腕(前足)に「PRESS」と書いた腕章をまき、首からオモチャのカメラをぶら下げることにした。

フータと一緒に取材中の逸夫

神倉神社に上る石段＝新宮市で

フータのエピソードはいっぱいある。その一つが、お燈《とう》祭り（第三章参照）のときだ。私は何を思ったか、フータにお燈祭りで松明《たいまつ》を持って山を下る「上り子」の衣装を着せようと思い、衣装を作っているところを訪ねた。そこは「わかば作業所」という福祉施設だった。その衣装作りの担当者に「犬の衣装を作れるか」と尋ねると、「えっ、犬のですか！」と少し驚かれた。「やったことはないが」と言うので、犬用の浴衣を見せた。それも一〇〇円ショップで買ったものだった。「あ、これがあればできそうだわ」と、すぐに引き受けてくれた。できあがるまで時間はかからなかった。翌週訪ねると、できあがっていた。白っぽい衣装をお腹の部分を縄で縛る。この縄が重要で、これでお腹を保護するのだという。というのは、お燈祭りは、山の中腹にある神倉神社のゴトビキ岩から、暗い中松明《たいまつ》を掲げて石段を駆け下りる。途中転倒したりして、岩にお腹をぶつけかねない。何しろ、ここの石段は普通の石段と違う。鎌倉時代に源頼朝が造らせたという由緒ある石段なのだが、いかにも鎌倉時代らしく、ゴツゴツとして勇ましいのだ。手すりもなく急勾配で、足を踏み外したら、真っ逆さまに転落するだろう。そんな恐ろしい石段なのだ。

だから、フータの衣装合わせのときには、縄を巻く専門の人もかけつけた。おまけに、市役所の広報もやってきた。何しろ、犬がお燈祭りの衣装を着るなんて、この人口約三万人の小さな町、新宮市において初めてのことだからである。もちろん、広報誌に掲載されると評判になった。町のカメラ店から「お燈祭りの衣装を着けたフータの写真を店に飾らせてほしい」と言ってきた。

アマチュアカメラマンに囲まれるフータ＝新宮市で

お燈祭りの当日正午、男たちが冬の海に入り、❖禊ぎをするのだが、そこに衣装を着たフータが登場すると、禊ぎを撮ろうとやってきていたアマチュアカメラマンたちが一斉にフータの周囲に集まり撮影会となったのである。フータ大人気の一日だった。

お祭りの終わったその夜、フータの衣装を脱がせようとすると、フータは「ワン！」と吠えて、脱ごうとしないのだ。よほど気に入ったようだった。

❖**神倉神社**《かみくらじんじゃ》　熊野速玉大社の摂社。新宮市の北西にある神倉山の山頂に鎮座。ご神体はゴトビキ岩で、山麓からゴトビキ岩までは源頼朝寄進という自然石を巧みに組み合わせた石段が残っている。創建は一二八年頃といわれている。『古事記』『日本書紀』の記述で、神武天皇東征のときに出てくる天磐楯《あめのいわたて》の山というのは、神倉山をさすともいわれている。祭神は天照大神《あまてらすおおみかみ》・高倉下命《たかくらじのみこと》。例祭は二月六日（御灯祭）。【新宮市神倉1の13の8】

❖**ゴトビキ岩**《いわ》　この地域の最も古い社の一つである神倉神社のご神体。ゴトビキとは、新宮の方言でヒキガエルのこと。岩がカエルに似ていたからと思われる。神々が最初に現れたところともいわれている【新宮市神倉1の13の8】

❖**源　頼朝**《みなもとのよりとも》　一一四七〜一一九九年。鎌倉幕府の創立者、征夷大将軍。一一八〇年代の内乱に勝利し、中世の新しい政治体制を築く。妻は北条政子。

❖**禊**《みそ》**ぎ**　全身を水中に潜《かつ》き、振り濯《すす》ぐことにより罪・穢れを除去する宗教的儀礼。神仏へ参詣するに先立ち、水浴びして心身を清める習俗も禊ぎの範疇に入る神事である。

第三章　祭り

お燈祭り

お燈《とう》祭りは、新宮市にあって最も人気のある祭りです。毎年二月六日の夜行われます。起源はずいぶん古いようなのですが、はっきりとはしません。聞くところによれば、修験者たちの修行が始まりだといわれています。祭りのクライマックスは、山の中腹にある神倉《かみくら》神社のゴトビキ岩から、松明《たいまつ》を掲げて石段を駆け下りるところです。かつては、先頭をきって到着した者が褒め称えられ、お米一俵を賞品としてもらったといいます。しかし、それを奨励すると、競い合って危険だというので、最近は賞品もなければ、一着がメディアに取り上げられることもなくなったのです。

さて、修験者の修行ですが、かつては、ゴトビキ岩のところに祠❖があり、その中に修験者を閉じこめ、中で松明をたきました。すると祠

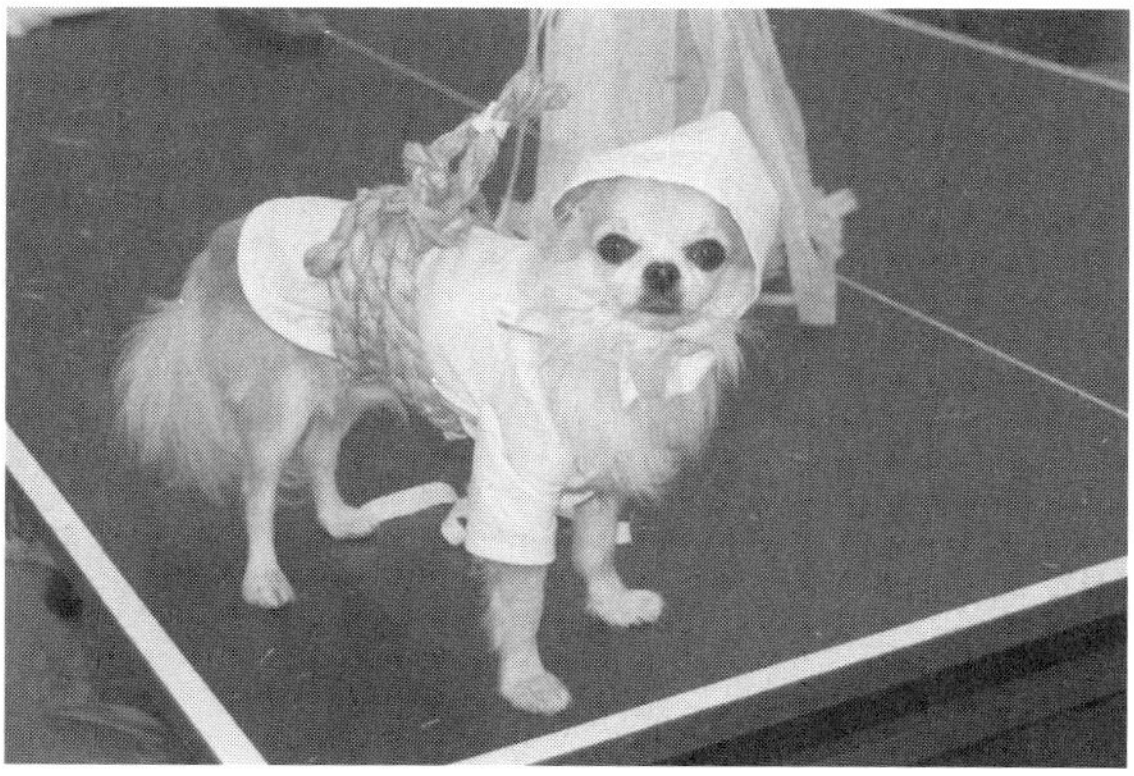

お燈祭りの恰好をしたフータ

の中は煙でむせかえり、修験者たちは窒息しそうになります。できるだけ長くむせかえらせ、ぎりぎりのところで扉をバッと開けます。それを合図に、修験者たちは石段を駆け下りたのだといいます。それは、一種の臨死体験のようなものだったに違いありません。今は、修験者ではなく男ならだれもが参加できます。だから、逸夫も体験したのです。

残念ながら、僕は体験できませんでした。逸夫が、熊野速玉大社の宮司さんに頼んだのですが、例のごとく「神事だから、女性と獣は当日登ってはいけないというルールがあるんだ」と言われてNG。それで僕は前日に上りました。新宮市が一望できて、いい眺めでした。

祭りの様子を説明します。

まず、正午に海で禊《みそ》ぎをした後、午後四時ごろ、「上《あが》り子《こ》」は衣装に着替えます。商工会議所では大勢の人たちが着替えているというから行ってみました。そこで映画俳優の❖原田芳雄さんに会

原田芳雄さんに抱っこされるフータ＝新宮市で

上り子が駆け出すと、松明の炎が流れる＝新宮市のお燈祭りで

❖祠《ほこら》　神や祖先をまつる小さな社《やしろ》。なお、「神社」は神道の信仰に基づいて神々を祀るために建てられた小さな建物、もしくはその施設の総称。

❖原田芳雄《はらだよしお》　一九四〇～二〇一一年。俳優。紫綬褒《しじゅほう》章《しょう》をはじめ、俳優として各種の表彰を受賞。俳優座を退団後はテレビドラマや映画を中心に活躍、ナレーションやミュージシャンとしても積極的に活動した。

ったのです。記念写真を一緒に撮らせていただきました。あれが原田さんの最後の姿でした。あの方は毎年お燈祭りに上り子として参加しているのですが、あのときは、体調が悪かったらしく、参加しませんでした。その年の秋に亡くなってしまいました。残念です。

逸夫は、友だちの家で着せてもらうというので、僕もついて行きました。

近所の人たちがいっぱい来ていました。お互いに着付けを手伝ったりして和気藹々《あいあい》でした。着付けが終わると、豆腐、かまぼこ、ご飯など、白い物を食べて出発します。白い物を食べるのは、神事ゆえのお清めです。汚《けが》れをとるのです。

神倉神社に行く途中、居酒屋さんの前を通ると、「飲んでけ」と日本酒を振る舞われました。最近は、上り子になる人は、けがをすると危ないので禁酒にしていますが、お神酒を振る舞うのは昔からの習慣ですから、大目にみてくれる部分もあります。それに、一番寒い時期だから、お酒でも飲まないと寒くてたまらないのです。

〈逸夫の体験談〉

私は、遅れて出発したものだから、ゴトビキ岩の前に到着したときには、上り子たちでいっぱい。何しろ狭いところに二〇〇〇

勇壮な光景が繰り広げられるお燈祭り＝新宮市で

人はいたからね。そこへ無理矢理入っていったものだから、門の前の先頭集団の中に潜り込むしかなかった。煙でむせかえる。松明《たいまつ》の火が上から落ちてきて熱い。足の上に落ちてきたり、着物が少し燃えた。煙で目を開けていられないし、酸欠で窒息しそうになった。これは荒行なんだと身をもって体験した。

山から下りて、飲み会に参加した。原田さんも一緒だった。私は、祭りの衣装のまま行った。そのほうが祭りの夜らしいと思ったからだが、五〇人ぐらいいる会場に、その衣装を着ているのは私だけだった。

なぜ、ほかの人は皆着ていないのか、地元の物知りに聞くと、その衣装は死装束❖だという。上り子が山に入ることは、黄泉《よみ》の国に行くことを意味する。だから、山から下りたら、すぐ日常に帰らなければならないという。聞かなければわからないことだった。

那智の火祭り

新宮の火祭りである「お燈祭り」に続いて、その隣町である那智勝浦町の火祭りも紹介しましょう。こちらも相当有名で、日本三大火祭り❖の一つと形容する人もいるぐらいです。新宮が冬に行われるのと反対に、こちらは夏に行われます。場所は那智の滝の前。「扇祭❖」とも

❖**死装束《しにしょうぞく》**　遺体に着せる衣装のこと。本来の死装束は、死者の血縁に当たる女性が一針ずつ縫ったもの。死装束の白色は浄化、汚《けが》れのない清らかさを表している。浄土へ巡礼する修行僧の姿に由来しているが、宗派によって違いもある。

❖**日本三大火祭《にほんさんだいひまつ》り**　那智の火祭り（和歌山県）・玉《たま》垂宮《たれぐう》の鬼夜《おによ》（福岡県）・野沢の火祭り（長野県）。ほかにも、松明《たいまつ》あかし（福島県）・向田《むこうだ》の火祭り（石川県）・お松明（京都府）という説や、七夕《たなばた》ちょうちん祭（山口県）・竿灯《かんとう》祭（秋田県）・ねぶた祭（青森県）という説もある。

お燈祭りを体験する
逸夫＝新宮市で

いわれる熊野那智大社の例大祭で、一般には「那智の火祭り」と呼ばれ、毎年一万人近い人が見物に訪れます。

白装束に烏帽子《えぼし》姿の氏子《うじこ》らが大松明一二本をいっせいに担ぎ、石段を下りたり上がったりします。その姿は勇壮としかいいようがありません。なにしろ松明の長さは一・四メートル、直径は四五センチ、重さは五〇キロもあります。氏子らが「はーりゃ、はーりゃ」の掛け声とともに火の粉をけちらせながら、らせんを描くように石段をかけまわるのです。

僕たち報道陣は、石段のすぐ横で取材するのですが、松明の熱が伝わってきます。火の粉が飛び散ってきそうです。僕は、火が苦手だから、この取材は嫌いです。でも、人間どもの馬鹿騒ぎを見るのは好きだから、ついていっているのです。

松明が燃えすぎないように、ときどき炎に水をかけています。それが熱湯となって飛び散ってくるので、身を避けたりします。迫力ありますよ。

氏子たちも必死の形相です。何しろ松明は重い物では五〇キロもあります。けっして落としてはいけないのです。

松明の炎が目を引くので火祭りと呼ばれるのでしょうが、主役は松明ではありません。一二本の松明群の後からやってくる「扇みこし」

重い松明を持って石段を上る氏子ら＝那智勝浦町で

が主役なのです。扇みこしは、普通のみこし❖と違って、楯に板のようなものが長く伸びています。その板にたくさんの赤い扇がくっついているのです。

みこしには、「❖熊野の十二神」が乗っているといわれます。僕は、どこに神様が乗っているのか目をこらして見ましたけど、見えませんでした。臭いも感じられませんでした。

この祭りは、年に一度、神様が那智の滝に帰る姿を現しているといわれています。もともと神様は滝のところにいたということです。今では、滝は別宮飛瀧《ひろう》神社と呼ばれるようになりました。ということは、本殿である熊野那智大社ができてから始まった祭りなのでしょう。熊野那智大社は西暦三一七年に創建されたといわれていますから、古墳時代です。やっぱり古い祭りなのでしょう。

祭りの前に松明作りを取材したとき、ずいぶん驚きました。まるで平安時代の絵巻物に出てくるような恰好をして作っているのですから。そのスタイルは、祭りの衣装と同じ白装束に烏帽子なのですが、日常空間に、その恰好の人を見ると、ひどく時代錯誤に感じました。写真をご覧ください。そう思うでしょう。

火祭りのクライマックスの前に行う踊りも歴史を感じます。田楽踊りなのですが、奇妙な踊りです。踊り自体、犬の僕から見れば、意味

❖ **扇祭《おうぎまつり》**　熊野那智大社の例大祭。通称である「火祭り」のほうが有名。かつては六月一四日だったが、今は七月一四日に行われる。和歌山県の無形民俗文化財。田楽舞いは、国の指定重要無形民俗文化財。

❖ **みこし**　神幸《しんこう》（祭事や遷宮《せんぐう》などのとき、神体がその鎮座する神社から他所へ赴くこと）の際に用いられる輿《こし》で、神霊を奉ずる祭具。「神輿」「御輿」とも書く。中国から取り入れたものと考えられている。形態は多くの場合木製で黒漆が施され、四角・六角、あるいは八角形である。

❖ **熊野《くまの》の十二《じゅうに》神《しん》**　熊野牟須美大神《くまのむすびのおおかみ》（伊弉冉尊《いざなみのみこと》）・熊野家津美御子大神《くまのけつみこのおおかみ》・速玉之男大神《はやたまのをのおおかみ》（伊弉諾尊《いざなぎのみこと》）・天照大神《あまてらすおおみかみ》（祖先神〔祖先の御霊が神〕の代表）・忍穂耳命《おしほみみのみこと》・瓊々杵命《ににぎのみこと》・彦穂々出見命《ひこほほでみのみこと》・鵜茅草葺不合命《うかやふきあえずのみこと》（忍穂耳命から鵜茅草葺不合命は、天照大神から神武天皇に至る四代の神々）・軻遇突智命《かぐつちのみこと》（火の神）・埴山姫命《はにやまひめのみこと》（土の神）・彌都波能売命《みづはのめのみこと》（水の神）・稚産霊命《わくむすびのみこと》（食物の神）。

松明作りをじっと見つめるフータ

がわかりませんけどね。

なんで、人間は踊りが好きなのでしょうか。僕の観察によると、人間は嬉しいとき、悲しいとき、まず歌います。それが、感極まると踊り出す。だから、踊りは感情の一番高まった状態のときに出てくるものなのでしょう。要するに感情表現ですね。僕なんか、尻尾を振るか、吠えるかぐらいしかできません。

田楽踊りは、たくさん稲の収穫できた喜びを表しているのです。だから、「田が楽しい」と書くのだと思います。聞けば、田楽踊りの振り付けは、田植えや稲刈りの動作を表しているといいます。デンガクといえば、冬に食べるおでんの語源はデンガクですよね。田楽踊りが、串で刺したおでんに似ていたからという説を聞いたことがあります。きっと、❖かかしの真似をして踊ったりしたのだと思います。

二河の火祭り

主役の扇みこし＝那智勝浦町で

❖かかし　「案山子」と書く。邦語。今は鳥獣除《よ》けのため田畑に立てる人形をいうが、昔は「嗅《かが》し」で、獣肉や毛髪を焼いて串刺しにして立て、その臭気で鳥獣を驚かせた。

❖ゾロアスター教《きょう》　古代バルフ（現在のアフガニスタン北部）の地に始まる宗教。光の象徴としての純粋な「火」を尊んだため、拝火教《はいかきょう》とも呼ばれ、また祆教《けんきょう》ともいう。善と悪の二元論を特徴とするが、善

もう一つ変わった火祭りを紹介しましょう。今度は、まったく有名でない火祭りです。

正月に餅を食べない話で登場してもらった那智勝浦町の二河《にこう》の火祭りです。この辺は火祭りが多いのです。燃やす材木が豊富だからかもしれません。一説には、中東の❖ゾロアスター教が伝わったのではないかという説もあります。黒潮にのって文化が伝わるということはありえますが、ちょっと遠い気がしますね。

どちらにしても、僕は火祭りが嫌いです。先にも言ったように、火は動物にとって大敵だからです。人間にとっては、火で動物を撃退できたし、調理することで食物の範囲が一気に広まったようです。それによって人口が増加し、地球を制覇できたので、火を大事にする気持ちはわかりますけどね。われわれにとっては、とんでもないことです。憎っくき「悪魔の火」なのです。そこのところ、わかってやってください。

この辺の火祭りで多いのは、真ん中に支柱を立て、その周囲に円陣を作り、火をつけた松明を支柱のほぼてっぺんに備え付けてあるかごに入れる。うまく入ると、花火に点火するというものです。❖佐野の柱松や太地町のお盆にも、そんなのが出てきます。これを初めて見たとき、運動会でよくやる「玉入れ」競技は、この祭りからきているので

の勝利と優位が確定されている。ユダヤ教を母体としたキリスト教もこれらを継承していると言われる。さらに、大乗仏教において弥勒信仰と結びついたりした。イスラム教もまた、ゾロアスター教の影響も受けており、コーランにもゾロアスター教徒の名が登場する。

田楽踊り＝那智勝浦町で

真ん中にある御柱の先端に向けて投げるたいまつの火が、放射線を描く＝新宮市佐野で（長時間露光）

はないかと思いました。似ていますから、案外そうなのかもしれません。どちらもレクリエーションの要素があるという意味では共通していますからね。

さて、二河の火祭りですが、実はこれも似たようなところがあります。紐で結わえた松明をグルグルと回し、その遠心力を利用して空に放り投げる動作は同じです。違うのは、支柱に向かってではなく、山の木々に向かって投げることです。火事になりかねないから、消防車が待機しています。昔は木に直接松明を投げたのかもしれませんが、今は、木の手前に金網を張ってあるので、そこに向かって投げ、網に引っかけています。青年会の男たち約一五人が、「ほらいくぞ」「燃えよ、燃えよ」などのかけ声とともに次々と投げると、たくさんの松明が引っかかります。それを反対側の遠くから眺めると、まるで山火事のように見えるのです。

毎年八月二三日に行われますが、資料を見ると、❖三光山金剛寺に室

二河の火祭り＝那智勝浦町で

❖**佐野《さの》の柱松《はしらまつ》**　新宮市佐野地区の夏祭り（火祭り）。神火をうつした松明《たいまつ》を、花火を設置したかごに投げ込み、五穀豊穣を願う行事。江戸時代から続くが、一時途絶え、有志でつくる実行委員会が一九九二年に復活させた。

❖**三光山金剛寺《さんこうざんこんごうじ》**　那智勝浦町二河にある寺。火祭りは、寺の裏山にある宝篋印塔《ほうきょういんとう》（墓塔・供養塔などに使われる仏塔の一種）に祀られた霊を供養するために始まったといわれる。

❖**イザナギノミコト**　日本神話に登場する神。相手を「さあ」と誘うときに発するイザ、助詞の「の」

町時代から伝わる荒供養とあります。一五一〇年、地元の勢力争いで亡くなった人たちの供養のために始まったというのです。

取材していて危なくてしようがないのです。狭い場所で火を投げるものだから、上から火が落ちてきたりします。「ここから入ってはダメ」とか、まったく規制していないのです。小さな祭りだから、その辺は適当ですが、それが本当に生の感じです。素朴で荒削りな雰囲気なのです。僕は火を避けるのに、逃げ回っていました。人間って、本当にへんなことで興奮します。火を見ると、どうしてあんなにエキサイトするんでしょうね、まったく。

御船祭り

新宮市で最も大きな祭りが、熊野《くまの》速玉《はやたま》大社の秋の例大祭です。毎年一〇月一五日と一六日の二日間行われます。初日の一五日には、神霊を乗せた神馬が市内を練り歩く「神馬《しんめ》渡御式《とぎょしき》」なるものが行われます。何ともいかめしい名前ですが、宮司ら約一〇〇人の行列が熊野速玉大社から神馬を連れ、阿須賀《あすか》神社へ向かい、神霊を乗せて大社に戻る。大社で神幸祭をし、御旅所である杉ノ仮宮まで歩くというものです。いうなればパレードなのですが、これが実は日本の出自と関係があるのです。実は、この行列は、日本列島を創った夫、速玉大神（イザナ❖

にあたるナに加えて、男を意味するキが結合した名称とも、誘う意の動詞イザナフの語幹に男を意味するキがついた名称とも解釈できる。イザナミの夫。妻との別離後、太陽（天照《あまてらす》）と月（月読《つくよみ》）を生んだことなどから、地母としてのイザナミに対して天父としての性格をもつ。『日本書紀』などによれば、とくに淡路《あわじ》と関係が密接な神で、もともと淡路の漁民に信仰されていた神だったものが、皇室の崇める最高神アマテラスの親神として神話の中に取り込まれたものだと考えられている。

御船祭りの行列＝新宮市で

ギノミコト）の降臨を表しているというのです。そして、翌日一六日の模様は、❖イザナミノミコトの名で知られる夫須美大神《ふすみのおおかみ》の降臨だというのです。子どもが読む絵本の昔話に出ている神様です。雲の上に二人の神様が乗っていて、しずくを垂らすと、日本列島ができたという内容です。日本をよくするために、二人は降りてきました。それが、ここ熊野だというのです。おそろしく由緒正しい祭りなのです。犬の僕としては、にわかには信じがたいのですが、住民や観光客は厳かな行列にカメラを向けるなどして、楽しんでいました。

　僕は、逸夫と一緒に神馬と呼ばれる馬に近づいたのですが（下の写真）、こんなに大きいのです。彼だけが本殿に入れて、僕が入れないのは気に入らないので、いちゃもんをつけようと思ったのですが、やめました。君子危うきに近寄らずです。

　行列を見ていて気づいたのですが、先頭に五、六人の男性が周辺の家々の二階、三階をチェックしています。窓から覗いている人がいると、窓を閉めるように要請しているのです。理由を聞くと、「神様を上から見てはいけない」というのです。わざわざそのために男性たちがいるのです。もっと聞くと、川で神様を運ぶとき、鉄橋や橋をくぐらなければなりません。そのときは、いったん船を岸辺に着けて、神様を下ろします。そして、橋の下をくぐらないようにして避け、橋の

神馬に近づく逸夫とフータ

御船祭りで、ろを漕ぐ男たち＝新宮市で

向こうで再び船に乗せて進むというのです。それほど、上から人に見られるのを嫌うのです。

人間って、一度信じると、とことんやってくれます。不思議な光景です。

さて、翌一六日は、フィナーレを飾る「御船祭❖」です。正式には「神輿渡御式《みこしとぎょしき》」と呼ばれ、若者たちがこぐ早船競漕《きょうそう》の勇壮さは全国的に有名です。

熊野川の岸辺に集まった大勢の観客が見守るなか、九隻の早船が水しぶきをあげながら上流の御船島《みふねじま》を目指し、同島を三周回ります。その後を神様を乗せた神幸船《しんこうせん》も同島をゆっくりと回って船着き場に到着し、御旅所に向かうのです。

和歌山県の無形文化財❖に指定されていますが、国の重要無形文化財への格上げが検討されています。

僕にはよくわかりませんが、二日間の祭りを見て不思議に思ったことがあります。この祭りでは、初日が

❖**イザナミノミコト**　相手を「さあ」と誘うときに発するイザ、助詞の「の」にあたるナに加えて、女を意味するミが結合した名称とも、誘う意の動詞イザナフの語幹に女を意味するミがついた名称とも解釈できる。夫のイザナギとともに天から地上へ降りてきて結婚し、多くの島や神を生んだ。火の神を生んだ後で排泄したものから金属、土、水、食物などの神が生まれたとされる。

❖**御船祭《みふねまつり》**　熊野速玉大社の主祭神である夫須美大神の来臨の様子を再現したもの。神霊を乗せた神幸船を先導する早船は、御船島を右回りに三周して勝敗を競ったりする。

❖**無形文化財《むけいぶんかざい》**　日本に所在する建造物、美術工芸品等の有形文化財のうち、文化史的・学術的にとくに重要なものとして文化財保護法に基づき文部科学大臣が指定した文化財をさす。地方公共団体（都道府県、市町村）がそれぞれの文化財保護条例に基いて指定する有形文化財についても「県指定重要文化財」「市指定重要文化財」等といわれる場合がある。

神馬の行列が、二日目が船の競漕が有名なのですが、この祭りで最も重要なのは、最後だと思うのです。というのは、両日とも最後の目的地は、杉ノ仮宮と呼ばれる御旅所です。「御旅所」とか「杉ノ仮宮」と、もっともらしい名前が付けられていますが、僕が見たところ、何もないただの林です。でも、この祭りのストーリーからすると、二人の神様は、ここに降りてきたことになります。最も重要な場所ということになります。それが、ただの林なのです。社もなければ、鳥居もない。本来の神道の姿です。

それなのに、そこには見物客も報道陣もいないのです。報道されるのは、もっぱら馬の行列と船の競漕です。そんなの本来余興にすぎないのに、いかにも大事なことのように報道するのです。人間って、不思議です。

ねんねこ祭り

こんな奇妙な祭りを見たことがありません。串本町田原・木葉神社❖の「ねんねこ祭り」です。毎年一二月の第一日曜日に催されています。同神社の祭神である神功皇后❖が皇子を産み、育てたとの故事にちなんで数百年続いているといわれています。

始まるのは、まだ真っ暗な午前六時前。神事の後、井谷正守宮司が、

❖木葉神社《このはじんじゃ》【東牟婁郡串本町田原551】

❖神功皇后《じんぐうこうごう》 一七〇～二六九年。『古事記』『日本書

御船島を周回する早船競漕＝三重県の熊野川で．

ゆっくり歩く「ご飯持ち巫女」（先頭中央）の後に、行列が続くねんねこ祭り＝串本町田原で

振り袖姿の「ご飯持ち巫女❖」と呼ばれる少女の頭上にお米の入ったおひつ❖を載せます。少女は、行列の先頭に立ちます。

すると、テレック、テレックと軽快な太鼓と笛のおはやしが始まります。その早いリズムとは裏腹に行列がゆっくりと進みます。少女の数歩前を、少女の両脇にいる女性が水をうち道を清めます。宮司が鈴を鳴らすと、やっと一歩進む。一歩進むのに約二、三〇秒かかります。それを繰り返します。拝殿❖から遥拝❖所までの一五〇メートルに約一時間かけます。到着すると、日が昇ってきます。数百年も続けているからか、その時間はピタリと決まっているのです。

しかし、寒い中スローモーションのようにゆっくりと歩く行列につき合うのは、じれったいというか、背中がむずむずとしてくるのです。何でさっさと歩かないのか、僕にはさっぱりわかりません。

行列が終わってからも、いろいろと行事があるのです。本殿で、釜で沸かした湯でお祓いをする

紀』に記される第一四代仲哀《ちゅうあい》天皇の皇后（正妻）。実在性が濃厚な第一五代応神《おうじん》天皇の母であり、聖母《しょうも》とも呼ばれる。『日本書紀』などによれば、仲哀天皇の急死（二〇〇年）後、住吉大神の神託により、お腹に子ども（後の応神天皇）を妊娠したまま海を渡って朝鮮半島に出兵して新羅《しらぎ》の国を攻めた。新羅は戦わずして降服して朝貢を誓い、高句麗《こうくり》・百済《くだら》も朝貢を約したという（三韓征伐）。渡海の際は、お腹に月延石や鎮懐石と呼ばれる石を当ててさらしを巻き、冷やすことによって出産を遅らせたとされる。

❖**巫女《みこ》**　「神子」とも。日本で、神に仕えて神楽《かぐら》や祈祷を行い、または神意をうかがって神託を告げる者。未婚の女性が多い。巫女が神主の子を産めば神の子だとして巫女神《みこがみ》、その巫女は神母《じんぼ》、姥神《うばがみ》、神妻《かみつま》と呼ばれる。

❖**おひつ**　さわら、ひのき、杉などの木材で作られたご飯を保存する容器。おひつに使われる材木は繊維がきめ細かく丈夫で、湿気に強く、水分や空気を適度に通すため、昔から生活道具の素材として活用されている。雑菌の繁殖を抑える効果があるといわれている。

❖**拝殿《はいでん》**　神社の本殿の前にあり、祭典を行い、参拝者が拝礼を行う殿舎。伊勢神宮（三重県）・熱田神宮（愛知県）などは拝殿を欠く。

❖**遥拝《ようはい》**　遠く隔たったところから神仏などを拝むこと。

「湯立ての儀」や「巫女舞い」があります。その後、拝殿での「子守の神事」や境内での獅子舞❖奉納があります。

夜明け前から始まっているというのに、午前中いっぱいやっているのです。途中、ぜんざい❖が無料で振る舞われますが、僕は甘い物が好きじゃないので、退屈で退屈で。早起きしたので、睡眠不足も手伝い、あくびばかり出ていました。

✿太地町の祭り

クジラの町として知られる太地町。この町にも面白い祭りがいくつかあります。

まずは、クジラの町らしい古式捕鯨の再現ショーが披露される「太地浦勇魚《いさな》祭」❖を紹介しましょう。同町三日間にわたる盆行事の一つで、初日の八月一四日夕方行われる同ショーは、赤い鉢巻きとふんどし姿の太地勇魚会のメンバーが、二槽の勢子《せこ》舟に乗り、船べりをたたいて、作り物のクジラを追います。クジラが追い込まれ、網にかかると、男たちは飛び込み、泳いでクジラに近づきます。背中によじ上った一人が、包丁でとどめを刺すと、岸壁の観客から拍手がわくのです。

ショーの後は、ゲームや盆踊りを楽しむ。暗くなると、花火が打ち上げられ、海上の特設ステージで鯨太鼓が勇壮に打ち鳴らされると、

❖獅子舞《ししまい》 獅子頭を被って行う芸能で、二人立ちと一人立ちの二系統がある。二人立ちの獅子舞は二人またはそれ以上の人が獅子頭についている幕の中に入って舞うもので、一〇〇人以上の人が中に入って舞う百足《むかで》獅子というものもある。日本で行われている獅子舞は、中国から朝鮮経由で渡来した伎楽から生まれて変化した。獅子には唐獅子・狛犬《こまいぬ》・竜・麒麟《きりん》など架空の動物、ライオン・虎など日本にいない動物、また鹿・猪・熊などがある。獅子には動物の持つ飛翔力、躍動感が付与され、音楽を伴ったリズミカルな舞や踊りにより、超自然的な世界と接触できる仮面と考えられてきた。獅子に頭を噛んでもらうと無病息災になるという信仰もある。

❖ぜんざい 「善哉」と書く。語源は、室町時代の僧一休《いっきゅう》が最初に食べたときにあまりのおいしさに「善哉」（仏教用語）と叫んだとする説と、出雲地方の神事神在祭《かみありさい》で振る舞われた神在餅の「じんざい」が訛り、「ぜんざい」へと変化し京に伝わったという説の二つがある。東日本などの地域では「汁粉《しるこ》」と呼ぶ。沖縄県では黒糖で甘く煮た金時豆にかき氷をかけたものをぜんざいという。

❖太地浦勇魚祭り《たいじうらいさなまつり》 毎年太地港で行われているいかにも素朴な行事。太地浦で盛んに行われていた捕鯨

それに呼応するように花火が舞い上がるのです。太鼓と花火のコラボレーションなんて、ほかでは見ることができません。

古式捕鯨は、江戸時代に行われていた「網掛け突き捕り捕鯨法」です。商業捕鯨は禁止されていますが、捕鯨文化を後世に伝えようと、太地勇魚会のメンバーが再現し、一九八六年からメインイベントとして行うようになったものです。

一五日夜には「プチ夏祭り」と称して屋台が並び、一六日夜には、❖精霊送りが行われます。場所はすべて太地港です。

作り物のクジラに飛び乗り、包丁でとどめを刺す古式捕鯨の再現ショー＝太地町で

クジラや魚の大漁を祈る❖飛鳥神社の秋の例大祭も印象的な祭りです。毎年一〇月に行われます。❖宵宮（祭り前日）には、若者たちが清酒の入った「樽みこし」を担ぎ、町を練り歩くのです。町の人たちも威勢のいいみこしを見ようと沿道に集まり、楽しそうに見入るのです。

僕が見に行くと、若い衆が近づいてきて、勝手に顔中に絵の具で

法を、長さ約九メートルのクジラの模型と勢子船を使って行われる。

❖**精霊送り**《しょうりょうおくり》　盆に祀られる家々の先祖の霊魂を「精霊」という。他界から精霊が訪れる際の乗り物として牛や馬をかたどったナスやキュウリを供える地方が多い。また盆の期間中に精霊が田畑を見回ると伝える地方もあり、農神としての性格をあわせもっていると考えられている。七月一三日、あるいは月遅れの八月一三日に迎えて一五日晩から一六日早朝にかけて送るところが多い。

❖**飛鳥神社**《あすかじんじゃ》　太地町にある神社。一六二四年に、新宮市の阿須賀神社より勧請。例大祭は一〇月一四日（宵宮祭）と一五日。一五日午前には、氏子代表と役員総代が行列を作って神社へ参進。神事や獅子舞が披露される。【東牟婁郡太地町３１６９】

❖**宵宮**《よいみや》　祭日の前夜に行われる祭のこと。「夜宮」「夜宮祭」ともいう。本来は神霊の降臨を仰ぐ祭の中心であったと考えられる。昔の日本人の時間感覚としては、日没から翌日の日没までが一日であり、夜に行われる祭は一日の祭の前半を意味した。また、神霊は真夜中に降臨すると考えられており、神霊の降臨を中心とする祭の本来の意味からすると、むしろ宵宮が祭の中心であったと考えられる。時間感覚の変化とともに、翌日の昼間に行われる祭を本祭と呼ぶようになると、宵宮は本祭のための準備や前夜祭という程度の意味合いになってきた。

いたずら書きをしようとするのです。「ヒャー、何をする!」「止めて〜」と抵抗しましたが、ダメです。もうみんな祭りの気分です。報道陣だろうが、報道犬だろうが容赦はありません。祭りはそこから始まっているのです。顔中に色を塗られると、それだけで異次元に入っていきます。僕も何だか興奮してきました。樽のみこしを二〇人ぐらいの男たちで担ぐのですが、もうみんな酔っぱらっています。そんな状態で町中を「ワッショイ、ワッショイ」と担ぐのです。

僕が参加した日は、あいにく雨が降ってきたのですが、そんなことはお構いなしに進みます。狭い道も何のその、暗い道も何のそのです。見物人は傘をさしてみこしを取り囲んでいます。激しく動くものだから、酒が回り、男たちも興奮状態です。途中、ケンカが始まったりもします。それでも、皆でなだめて、みこしは先に進みます。

クライマックスでは、漁業協同組合前の海にみこしを担いだまま飛び込みます。びっくりしました。「海中みそぎ」というそうです。男たちは、みこしを浮き代わりに海に浮かんでいます。そして、浮かんだまま何か歌を歌っているのです。奇妙な風景です。

海中から陸に上がってきたみこしは、そのまま飛鳥神社の本殿に勢いよく担ぎ込まれます。それで宵宮は終了。全行程二時間ぐらいでしょうか。

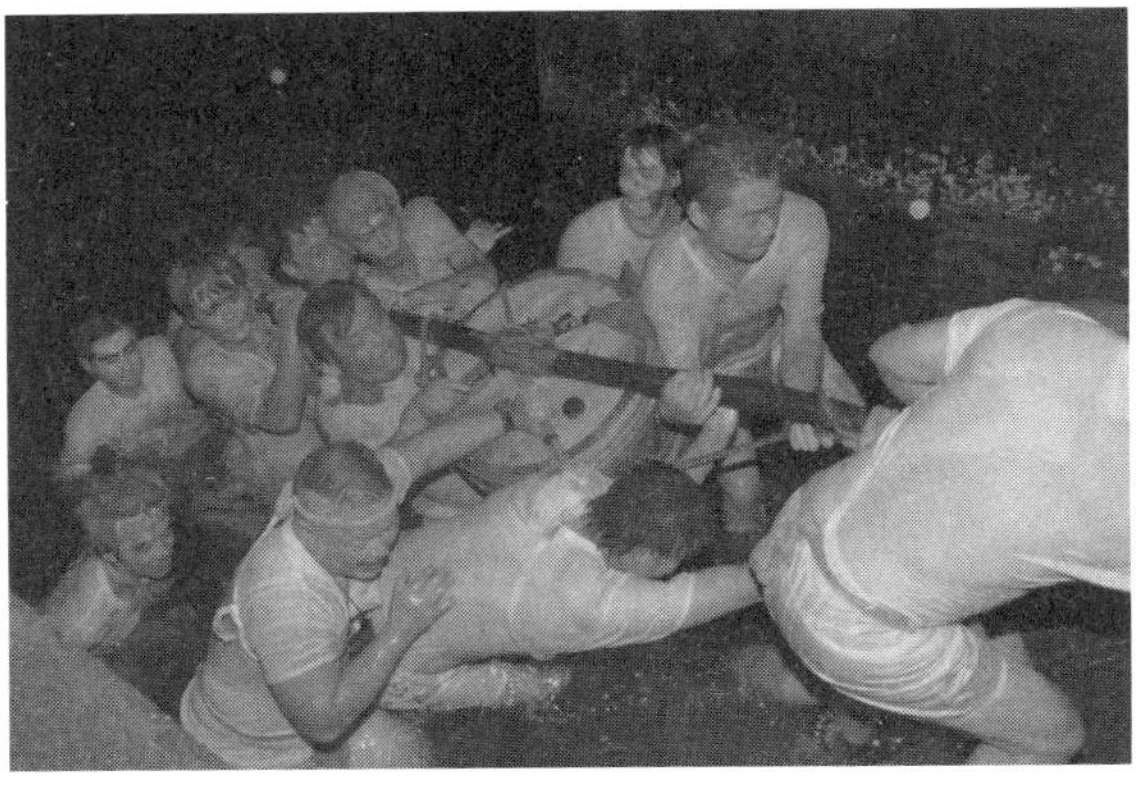

海中みそぎを終え、樽みこしを担ぎ陸に上がる若者たち＝太地町で

樽を担いで練り歩き、海に落として、神社に奉納する。たったそれだけのことなのに、そこには日常とはまったく違う世界が生み出されているのです。

　僕は、宗教だ、祭りだというのが好きではありませんが、異次元を作り出すこの演出力だけは感心します。その異空間を体感することで共同体意識が生まれ、また、それが娯楽として日常のストレスを昇華してしまうのです。これは知恵だなと思いました。

　一〇日の本宮《ほんみや》は晴天でした。宵宮に出る予定だった子ども勇魚《いさな》みこしの行列が町を練り歩きました。行列が終わると、飛鳥神社で獅子舞の奉納などが行われました。

　獅子舞といえば、太地町の獅子舞には圧倒されます。踊りがどうのこうのというより、その持続力にです。太地町には約八〇〇軒の家があるのですが、全部の家を門付《かどづ》けして回るのです。二つのグループに分かれてですが、三日かかるそうです。とても付き合ってはいられません。面白いのは、舞いの種類がいくつかあって、お祝儀の中身で舞い方が異なることです。一〇人ほどの舞いの集団が家々を回るとき、到着する前に、挨拶に行く係がいるのです。訪問して、お祝儀を先に受け取るのです。お祝儀の額によって舞い方を決めるのです。一万円以上だと、二〇~三〇分の最も長い舞いです。それは、子ども天狗❖が

❖**天狗《てんぐ》**　日本人の霊魂感が生んだ想像上の怪物。深山に住み、人の形をして顔は赤く、鼻が高く、翼があって神通力を持ち、飛行自在と説かれる。一説では修《しゅ》験者《げんじゃ》（山伏《やまぶし》）が伝説化したものともいわれる。子どもを隠したりするとして恐れられる反面、除魔招福の力があるとの信仰もある。

町内の一軒一軒を回る獅子舞の門付け＝太地町で

子ども天狗が登場＝太地町で

登場するのですぐにわかります。だからといって、お祝儀のなかった家には何もしないかというと、それはありません。最も短いバージョンですが、舞いではなく剣を抜いて、サッ、サッと切る動作をして、厄払いをしてくれます。

町民の中には、困ったような顔をしている人もいました。お祝儀を出さないわけにもいかないし、いくら払おうかと迷っているのです。

お祝儀の額によって舞い方を変えるなんて、不平等ですよね。でも、そうやって集めた寄付で、獅子舞文化を継承しているわけだから、まあ仕方がないのかもしれません。

もう一つ、秋には「太地浦くじら祭」があります。ステージで歌や踊りの発表、餅投げなどをやります。伝統的な「くじら踊り」は何度見てもいいものです。クジラを捕らえる動きを振り付けにしているそうです。

でも、僕が最も感心したのは、最後のクライマックスシーンの漁船

太地浦くじら祭で行われた勇壮な漁船パレード＝太地町で

のパレードです。漁船の動きは速く機敏です。クジラの追い込み漁でならした腕前なのか、見事な連携プレーを見せてくれます。風になびく旗が勇ましく、さすが海の町の祭りだと思いました。バックには、加山雄三の曲「海　その愛」が音量いっぱいに流れるのです。船は漁港内を回り、熊野灘に出て、一〇分ほどして帰ってくるのです。たったそれだけのことなのですが、勇壮で感動的でした。シンプルだからこそ胸を打つのです。

　こうやって、太地の子どもたちは自分の故郷に誇りを持つようになるのです。人間って、うまいこと考えるものだと思いました。

熊野本宮大社の例大祭、湯登神事と渡御祭

　田辺市の熊野本宮大社の例大祭も面白い。一年の五穀豊穣を願う祭りで、四月一三日から一五日にかけて行われます。一三日の湯登神事❖は和歌山県指定無形民俗文化財に指定されています。これは見ものです。神事は、神が宿っているとされる一、三歳の稚児を、湯の峰温泉❖で清めます。お風呂の後は、温泉粥の昼食をとります。例によって、白いものを口に入れると、清めになるのです。

　僕には、なぜ温泉粥なのか、なぜ白いものなのかよく理解で

湯登神事で、清めの入浴をする稚児と父親＝田辺市本宮町湯の峰温泉で

❖**湯登神事**《ゆのぼりしんじ》　熊野本宮大社の例大祭で、神が宿っているとされる稚児を湯の峰温泉で清める神事。周辺地域に住む男児八人と父親が参加し、健やかな成長を祈る。

❖**湯**《ゆ》**の峰温泉**《みねおんせん》　熊野本宮大社の南西、四村《よむら》川の支流湯峯川河畔にある山峡の温泉。四世紀ごろ開湯したといわれる。一人しか入れないつぼ湯が有名。川沿いに一五軒の温泉宿が並び、いかにもひなびた温泉風景。新宮駅より熊野交通バスで九〇分。田辺駅より龍神バスで六〇分。【田辺市本宮町湯峰】

きません。人間って、あえて決まり事を作って、楽しんでいるようにしか見えません。午後の部では、もっときつい決まり事を見ることができます。

父親が肩車して、大社までの約三・四キロを歩くのです。それも山道です。途中、❖湯の峰王子という神社で、稚児の体を右や左に回転させる「やさばき神事」をします。神が宿っているさまを再現しているといいます。本当にそうなのか疑問です。犬から見れば、おかしな動きをしている風にしかみえません。

子どもにしてみれば、温泉と昼食の後だから、眠くてたまらない。可哀想に、ぐずって泣き出す子もいます。迷惑な話ですよね。その後、父親は肩車したまま山道を汗だくになって歩きます。肩車できる子は

父親が稚児を肩車して大斎原まで行列する湯登神事＝田辺市本宮町で

稚児の体を右や左に回転させる「やさばき神事」＝湯の峰王子で

❖**湯《ゆ》の峰《みね》王子《おうじ》神社《じんじゃ》**　本宮町湯の峰にある神社。温泉街から一〇分ほど山に登ったところにある。熊野詣の道中、旅人や貴族が休息した場所「九十九王子」の一つ。【田辺市本宮町湯峰】

❖**大斎原《おおゆのはら》**　熊野川とその支流の音無《おとなし》川・岩田《いわた》川の合流地にある中洲。熊野本宮のそばで、明治二二（一八八九）年まで熊野本宮大社が鎮座していたが、洪水で社殿が流された。旧社地入り口に、日本一大きな大鳥居がある。【田辺市本宮町本宮】

❖**山伏《やまぶし》**　山の中をひたすら歩き、修行をする修験道

まだいいほうです。寝ている子は、前に抱っこして山登りするしかないのです。祭りの三日間は、絶対に稚児を地面に降ろしてはならないといいます。

だから、やさばき神事のときも、下に敷物を敷いてからやるのです。いったいだれが決めたんだろう。困った決まり事です。

最終日の一五日、古式ゆかしい渡御祭《とぎょさい》で最高潮を迎えます。熊野本宮大社本殿から斎庭神事を営む旧社地の大斎原❖までご神体を運ぶのです。みこしを中心に神職のほか、巫女《みこ》や山伏❖、天狗、稚児❖などの衣装を着た約三〇〇人が列を成し、大斎原までの約一キロの道を約一時間半かけて練り歩くのです。

きらびやかな長い行列が本殿前の石段を降り、本宮町内に出ます。みこしを担ぐ「ワッショイ、ワッショイ」の声や、太鼓、ほら貝の音も鳴り響き、その幻想的な光景に地元の人や観光客はため息をもらしているのです。

しかし、行列はまるでおもちゃ箱をひっくり返したようで、統一感がないと思うのは僕が犬だからでしょうか。

古式ゆかしい行列が続く渡御祭＝田辺市本宮町の熊野本宮大社で

の行者。「修験者《しゅげんじゃ》」とも言う。奈良吉野山地の大峯《おおみね》山《さん》（金峯山寺《きんぷせんじ》）を代表に、大山《だいせん》（鳥取県）や羽黒山《はぐろやま》（山形県）など日本各地の霊山と呼ばれる山々を踏破（抖擻《とそう》）し、懺悔《さんげ》などの厳しい艱難苦行を行って、山岳が持つ自然の霊力を身につけることを目的とする。山中での互いの連絡や合図のために、ホラ貝を加工した楽器を持つ。天狗や烏天狗は、山伏の装束を身に纏う。

❖**稚児《ちご》**　寺院で使われていた少年（稚児小姓《こしょう》とも）、または法要や祭のときに装束を着けて奉仕する男女の幼童をいう（神霊が乗り移るとされる）。

COLUMN

フータと熊野

〈逸夫による解説〉

直木賞❖作家の山本一力❖さんの講演会が太地町公民館で開かれたことがあった。山本さんは「熊野にはゆったりとした時間が流れている」と語り、宿の前に出てきたタヌキの例を出し、「動物だって、怖がっていないのには驚いた」という。

私にも同じ思いがある。報道犬フータを電車で千葉から熊野に運ぶことが時々あった。新幹線の通る名古屋までは周囲の見る目が厳しい。「なぜ、犬が電車に？」という顔をしている。それが紀勢線に乗ると優しくなり、「かわいい」と声をかけてくれるようになる。

新宮に到着すると「頼むから抱かして」と変化する。先日、和歌山県知事選の投票所に行っとき、受け付けの女性が「私が見てますから、早く投票に」とずっと抱っこしてくれていた。

フータも感じるらしく、熊野が好きだ。熊野古道などを歩かせると大喜びするのだ。

❖**直木賞**《なおきしょう》 正式名称は「直木三十五賞」。無名・新人および中堅作家による大衆小説作品に与えられる文学賞。一九三五年に芥川龍之介賞（芥川賞）とともに創設され、年二回発表される。

❖**山本《やまもと》一力《いちりき》**　一九四八年～。小説家。高知県出身。一四歳で上京。十数回の転職を経て、一九九七年に「蒼龍」で第七七回オール讀物新人賞を受賞してデビュー。二〇〇二年には「あかね空」で第一二六回直木賞を受賞。ほかに「大川わたり」など、多くの時代小説がある。自転車愛好家。テレビのコメンテーターとしても活動している。

電車の中のフータ（普段は箱の中に入れる）

第四章　生活

みかん専門店

新宮市には、みかんの専門店が何軒もあります。それも年中みかんを売っています。みかんにもいろんな種類があって、いつでも種類の異なるみかんが栽培されています。

和歌山県のみかんは昔から有名です。古くは、「紀伊国屋文左衛門」の話があります。紀伊国屋文左衛門は実在の人物です。

ある年、紀州ではみかんが豊作だったのですが、嵐で江戸への航路が閉ざされたので、運べなくなりました。江戸へ運べなくなり、余ったみかんは上方商人に買い叩かれ、価格は暴落しました。当時江戸では毎年鍛冶屋の神様を祝う「ふいご祭り」という行事があり、祭りでは、鍛冶屋の屋根からみかんをばら撒いて地域の人に振る舞う風習がありました。紀州から船が来ないので、江戸ではみかんの価格は高騰

みかん類の品評会も＝那智勝浦町で

みかん専門店でのフータ＝新宮市で

していました。紀州では安く、江戸では高い。これに目をつけたのが文左衛門です。文左衛門は大金を借りてみかんを買い集め、古い船を直し、荒くれの船乗りたちを説得し船出しました。大波を越え、風雨に耐えて何度も死ぬ思いをしながらも、文左衛門はついに江戸へたどり着きました。思惑通り大金を手にすることができたのです。

この物語は有名で、フィクションだと思われていますが、実際にあった話のようです。その後、文左衛門は、そのお金を元手に材木商人となりました。材木は紀州の特産だったからです。

熊野に年中みかんがあるからといっても、みかんは、冬が一番美味しい気がします。紀州のみかんは小ぶりで甘いのが特徴です。美味しい理由は、なんと言っても暖かな気候です。みかん畑は海に近いので、空気がミネラルをたくさん含んでいます。海岸付近のみかん畑は、太陽が海に反射して日当たりがいいのです。

❖**みかん**　樹は常緑、果実は黄色に輝き滋養豊富なので、長寿を祝福するとしてめでたいことに用いられる。

❖**紀《き》伊《の》国《くに》屋《や》文《ぶん》左《ざ》衛《え》門《もん》**　一六六九〜一七三四年。江戸中期の江戸の豪商。紀伊国出身。はじめ紀州のみかんを江戸に回漕し、江戸から塩鮭を上方にもたらして巨利を得、当初の資本を蓄積したといわれている。二〇歳のころ江戸に出て材木問屋を開いた。江戸は火災が多く、その都度大建築が行われて材木問屋は繁盛を極めたのである。材木問屋廃業後は俳諧の生活。事業も利益も消費も豪快だったことから江戸っ子を惹きつけ、日夜噂の種になった。

❖**上方《かみがた》**　皇居のあった京都をさした語として室町時代から用いられた。江戸時代、政治都市として発展した江戸を中心とする関東に対して、京風文化の浸透した山城・大和・河内・和泉・摂津の五畿内に近江・丹波・播磨を加えた八カ国をいう。

C級グルメ①　たこ焼き「むらたこ」

新宮で美味しいものといえば、実は駄菓子屋的食品です。「C級グルメ」と呼びたくなるたこ焼き、かき氷、ぽんぽん菓子、イカ焼き、お好み焼き、おでんなどです。だれも知らない、というより気づいていないので、隠れた名品といえるでしょう。

注目すべきは、新宮のたこ焼きの種類の多さです。普通は、ソースか醤油か、ネギ入りか、マヨネーズのあるなしかぐらいしか種類はありませんが、新宮では、信じられないぐらいの種類があります。新宮市神倉《かみくら》の「むらたこ」では、チーズやチリソース、キムチ入りなど三〇種類を超えます。新宮市で最も有名な店かもしれません。開店して一五年ですが、店主の村田裕美子《むらたゆみこ》さん（当時五六歳）は、「やっていてよかったわ。いろんな人から元気をもらえて、楽しい。たこ焼きの種類が多いのは、料理好きだから、どんどん増えていった」と言います。

店の始まる午後三時から八時まで、いつもお客でにぎわい、一時間待ちのときもあります。待つ間、お客との会話がはずみます。やがてお客の悩みなどを聞くようになり、人生相談の場ともなっています。ある男性と結婚しようかと悩んでいた女性に、「あの男性はやめとき

「むらたこ」の店主、村田裕美子さん
＝新宮市で

❖駄菓子《だがし》　子どもが持つ小銭程度で買える菓子のこ

たこ焼き屋「ちこちゃん」で＝新宮市で

なさい」と助言し、後で感謝されたこともあるそうです。ズバズバと話すから、説得力もあるのでしょう。今や親子二代で通うお客もいます。「最近の高校生は親孝行ですが、対人関係で悩んでいる子が多い。ここが憩いの場になれば嬉しい」と村田さん。

C級グルメ②　たこ焼き「ちこちゃん」

もう一軒、そんなたこ焼き屋を紹介します。僕が散歩の途中で毎日のように寄っていた店です。

JR新宮駅のすぐ裏にあるたこ焼き屋「ちこちゃん」です。知る人ぞ知る人気店です。客層も二歳から八〇歳代と広い。人気の秘密は味と「ちこちゃん」こと松根千恵里《まつねちえり》さん（当時五二歳）のあいきょうのある人柄。子どものとき、当時のヒット曲「ごめんねチコちゃん」をよく歌っていたのでそう呼ばれるようになったとか。たこ焼きの種類も一〇種類ぐらいあります。たこ焼きを、さらに油で揚げた「揚げたこ焼き」は、若い

とで、江戸時代の庶民の間食として食べられていたものが始まり。当時の高級菓子の名称である上菓子《じょうがし》（宮中や公家・社寺・茶家に納めたり、お祝いのためにあつらえる献上菓子《けんじょうがし》）の対照としてつけられたもので、関西地方では雑菓子《ざつがし》とも言われる。

❖**C級《しーきゅう》グルメ**　格安（Cheap）・ごちそう（Cuisine）・くつろぎ（Comfort）の三つのCを備えたお店。

❖**たこ焼《や》き**　大阪発祥とされる料理。おやつ・間食として食べられる。一九三五年、当時あった「ラジオ焼き」（小麦粉にすじ肉などを入れて屋台で焼いたもの）を、明石焼に影響を受けて牛肉ではなくタコ・鶏卵を入れるようになり、「たこ焼き」と名付けられたのが始まりと言われる。

❖**「むらたこ」**　国道四二号線沿いで新宮高校前バス停付近。味と店主のお姉さんとのトークを目当てに、お客がいっぱい。周囲がカリカリで、中身はとろりのたこ焼き。トッピングもいろいろ。**【新宮市神倉４の５の１１】**

❖**チリソース**　トマトソースに唐辛子、塩、スパイス、砂糖などを入れたソース。魚介類によくあう。

❖**「ちこちゃん」**　新宮市役所と新宮駅の間にある小さなお店。揚げタコが美味しい。冬にはおでんがあるが、特製の味噌だれをつけて食べると最高。新宮ならではの人情のあるお店。**【新宮市春日２の１２】**

❖**「ごめんねチコちゃん」**　歌手三田明《みたあきら》。一九六四年リリース。

人に人気があります。ともかく、味は最高。作家中上健次❖の娘、中上紀❖さんと一緒に行ったことがありますが、彼女も満足し、「今度は娘を連れてくる」と言っていました。

ちこちゃんは生粋の新宮人。親の会社で二三年間経理事務をやっていましたが、四年前、会社をたたんだのを機に、今の店をオープンしました。「子どものころ、お好み焼き屋さんや駄菓子屋さんによく通った。そのイメージでやっている」そうです。だから、たこ焼きのほか、冬は味噌だれをつけて食べる関東風おでん、夏はかき氷もだしています。ちなみに、僕は、おでんのロールキャベツが大好きでした。「犬なんだから、人間の食べる物を食べちゃいかん」と逸夫に叱られながらも、よく食べたものです。

この店には、なぜかノートが置いてあります。客が絵やコメントを書いていくのです。さまざまな人の相談に乗るボランティア活動をしている大学生のグループが置いた「相談箱」もあります。客同士が質問したり、答えたり、そんな交流が生まれる店なのです。

僕が行くと、ちこちゃんが、「あら、フータ、かわいいね」と抱っこしてくれたりするのです。僕の幸せな瞬間です。

C級グルメ③　かき氷とイカ焼き「仲氷店」

❖**中上健次**《なかがみけんじ》　一九四六〜一九九二年。昭和・平成期の作家。「岬」で第七四回芥川賞を受賞。以後、故郷の紀州（紀伊半島）を主題とした作品を描き続けた。永山則夫《ながやまのりお》死刑囚の入会問題で日本文芸家協会を脱退、湾岸戦争への日本加担に反対する声明に参加した。

❖**中上紀**《なかがみのり》　一九九九年、「イラワジの赤い花　ミャンマーの旅」でデビュー。「彼女のプレンカ」で第二三回すばる文学賞受賞。以後、作家、紀行文作家として活躍。

❖**「仲氷店」**《なかこおりてん》【新宮市新宮551の12】

❖**氷**《こおり》　氷雪販売業者が取り扱う氷は、都道府県知事の許可を受けた製氷工場で製造された「純氷」である。製氷業者から直接卸してもらい倉庫に保管し、各需要先に配達する経路が一般的。原水は四八時間以上かけてゆっくりと凍らせることで、含まれていた空気やわずかな不純物（残存ミネラル分を含む）が排除される。その結果、家庭の冷蔵庫や全自動製氷機と比べて、溶けにくく硬い氷になる。

❖**四万十川**《しまんとがわ》　高知県の西部を流れる渡川水系の本川で、一級河川。全長一九六キロメートル。四国内で最長の川で、流域面積も吉野川（高知県・徳島県を流れる）に次ぎ第二位。本流に大規模なダムが建設されていないことから「日本最後の清流」、また柿田川（静岡県）・長良川（岐阜県・三重県を経て伊勢湾に注ぐ）とともに「日本三大清流の一つ」と呼ばれる。「名水百選」（一九八五年に環境庁〔現・環境省〕が

日本一美味しいかき氷を食べさせてくれるお店「仲氷店」を紹介しましょう。

「新宮の氷屋のおっちゃん」といえば、今や全国に知られています。仲充紀《なかよしのり》さん（当時七〇歳）、この道五〇年です。

仲さんが氷屋を始めたのは二三歳のとき。知人から誘われ、新宮市の国道沿いにあった氷販売の権利を買ったのです。当時、市内に五、六軒の氷屋がありましたが、電気冷蔵庫の普及で次第に減少、今やここだけになりました。

仲さんは質にこだわっています。製氷業者に、きれいな古座川の水を七二時間かけて、カチカチで透明な氷にしてもらう。それを飲食店に配達しています。古座川といえば、四国の四万十川と並ぶきれいな水が流れていることで知られています。

客商売の好きな仲さんは十数年前にかき氷も始めました。おすすめは「あんこ入り宇治茶」。シロップもあんこも特製。シロップは、アクが出ないように二度炊きします。あんこは、息子さんが京都の和菓子屋に勤めているので、そこから仕入れています。宇治茶は本物のお茶を使用しています。氷以外にも「イカ焼き」なんていうのもあります。イカをそ

仲氷店の絶品、「あんこ入り宇治茶」のかき氷＝新宮市で

制定）、「日本の秘境100選」（一九八九年にＪＴＢが選定）にも選ばれている。

❖**宇治茶**《うじちゃ》　京都府南部地域（宇治市中心）で生産される日本茶の高級ブランド。鎌倉時代から生産されていたと考えられる。二〇〇四年、社団法人京都府茶業会議所は「歴史・文化・地理・気象等総合的な見地に鑑み」、「京都・奈良・滋賀・三重の四府県産茶で京都府内業者が府内で仕上げ加工したもの」であるが、「京都府産を優先する」と定義した。

のまま焼いているわけではありません。イカを入れて、お好み焼きのように、クレープのように薄く焼くのです。昔、大阪ではどこででも売られていたものですが、最近はほとんど見かけません。それが、ここ新宮にあるのです。

仲氷店が有名になったのは、おいしさのほかに理由があります。店が、熊野速玉大社と神倉神社の中間に位置するからです。両神社を歩いて回る観光客の間で評判になったのです。店主の仲充紀さんがブログをやるようになったので、ますます知る人が増えてきました。冬でも食べたいというお客がいるので、その要望に応えて、今では、年中営業しています。

C級グルメ④　お好み焼き「きみちゃん」

ここは関西圏なので❖お好み焼き屋も多いのですが、ベストな店は探しきれませんでした。「喫茶、お好み焼き」なんて意味不明な看板も見ましたが、入る前につぶれてしまいました。新陳代謝も激しいのです。そんな中で、新宮市内で最も古そうな店を一軒紹介しましょう。

新宮市池田にあるお好み焼き屋「きみちゃん」❖です。店主は浜口君代《はまぐちきみよ》さん（当時六八歳）。

お好み焼き屋を始めて三四年。出身は和歌山県北山村。中学を卒業

お好み焼きを作る浜口君代さん＝新宮市で

❖**イカ焼《や》き**　イカを用いた日本の軽食。「イカ焼き」と呼ばれる食べ物には、イカに醤油味をつけて姿焼きにしたもの（「焼きイカ」とも呼ばれる）と、大阪で生まれたクレープ状のものがある。後者は、小麦粉（強力粉がよい）の生地にイカの切り身を入れて焼き、甘辛いソースを塗った粉物料理。鉄板で押しつけて焼くため、小麦粉に含まれるグルテンの作用

し、就職のため新宮市に出てきました。料理屋やレストランに一〇年以上勤め、今の店を始めたのです。

「当時、まだお好み焼き屋は市内に少なかった。きっと流行るだろうと思って始めました」と浜口さんは話してくれます。最初の三年間は、昼に定食もやり、夜にはおでんなども出し、よく繁盛したとか。従業員を二人雇い、店も建て増しをしました。「景気がよく、土木工事の人たちがよくやってきました。中には一〇万円もツケをためた豪傑もいました」と思い出します。

バブル❖がはじけ、二〇年ほど前から徐々に客が減ってきたそうです。サラリーマンだった夫も亡くなり、今、店の売り上げだけではやっていけない。「息子と娘が助けてくれるから続けられる。あっという間の三二年だった」と話すのでした。

僕がこの店が好きなのは、店内を結構自由に動き回れるからです。飲み屋なのに、もちろん犬もOK。逸夫なんて、お好み焼きを食べながら、「ご飯ある?」と言って、売り物でもない（お酒を飲むところなのに）ご飯を頼むのです。すると、漬け物と一緒に白いご飯が出てきました。一度なんか、「私の晩飯の残りだけど」とポテトサラダも一緒に出てきました。この庶民的な感じがたまりません。

によってコシの強いもちもちした食感が楽しめる。

❖**お好《この》み焼《や》き** 起源は、安土桃山時代の千利休《せんのりきゅう》が作らせていた「麩《ふ》の焼き」（小麦粉を水で溶いて薄く焼き、芥子《けし》の実などを入れ、山椒味噌や砂糖を塗った生地を巻物状に巻いて成形）であるといわれている。その後、麩の焼きを起源として江戸末期から明治にかけ、味噌の代わりに餡《あん》を巻いて作る「助惣焼《すけそうやき》」（初期のどら焼き）が東京・麹町《こうじまち》で生まれ、さらに「もんじゃ焼き」「どんどん焼き」が生まれた。これらが大阪に伝わり、各種鉄板料理へと派生、関西地方や広島県において現在「お好み焼き」と呼ばれるスタイルに発展したといわれている。戦前までは「洋食焼き（大阪）」「一銭洋食（京都）」「にくてん（姫路）」などと呼ばれた。

❖**「きみちゃん」** けっして有名店ではないが、古い店。店の外観がすごい。花や植木で覆われている。四つ角にあり、「車がぶつかってきたことがあるので、防御のために植木鉢を置いている」という。【新宮市池田２の１の２１】

❖**バブル** 不動産や株式をはじめとした時価資産の資産価格が投機によって実体経済の経済成長以上のペースで高騰し続け、投機によって支えなければならない市場が、投機によって支えきれなくなるまでの経済状態を「バブル経済」という。中身のない泡がふくれてはじける様子に似て見えることから「バブル」と称する。

C級グルメ⑤　ぽんぽん菓子

ぽんぽん菓子といってもご存じない方がいらっしゃるかもしれません。昔、屋台と一緒に、お祭りやイベント会場に菓子を作る機械を持って来ていました。バーンと大きな音を出しながら、お米を膨らませたお菓子です。お米のポップコーンのようなものです。

まず、お米とシロップを混ぜます。それを大砲のような真っ黒い機械の中に入れて熱を加えて炒るのです。できあがると、バーンと爆竹よりも大きな音がします。この音が楽しかったのです。最近あまりみかけないのは、この音が大きいのできっと苦情がくるからだと思います。そんな珍しいものがここには残っているのです。最近市会議員になった京都大学出身の並河哲次《なみかわてつじ》さん（当時二五歳）は、議員になる直前までこれを製作・販売していました。

それから、作家の山本一力さんがこのぽんぽん菓子が大好きで、これを食べながら原稿を書いているそうです。ここ熊野に来て食べてみたら、美味しいので何袋も買い込んだそうです。「昔のぽんぽん菓子の味が残っている」と言っていました。

こういったC級グルメの味がいいのも新宮市の特徴ですが、惹きつ

バーンと音をたてててぽんぽん菓子を作る＝新宮市で

けられるもう一つの要素は、駄菓子屋やたこ焼き屋などに来る人たちが実に優しいのです。僕が行っても、みんな可愛がってくれます。「犬は入ってはだめ」なんて言われたことがありません。それどころか、みんな寄ってきて、頭を撫でてくれます。このムードが実にいいんですな。最後に、ある駄菓子屋さんの美しい話を紹介します。

C級グルメ⑥　駄菓子屋「ひみつきち」

新宮市神倉の国道沿いに小さな「ひみつきち」❖と書かれた店があります。その店は、最近開店した駄菓子屋さんです。文字通り、今ではすっかり子どもたちが集まる「基地」になっています。「ひみつきち」は、もともと建設会社の社長室でした。店主の清岡《きよおか》幸子《ゆきこ》さん（当時六八歳）にとって夫で社長だった修三さんが毎日過ごした思い出の場所でした。修三さんはガンのために七五歳で亡くなりました。告知からわずか五カ月でした。闘病の末の早すぎる死に、幸子さんはショックを受

ぽんぽん菓子を売る行商も＝太地町で

❖**ぽんぽん菓子《がし》**　「ぽん菓子」「ドン菓子」とも呼ばれる。専門用語ではスナック菓子の一部とともに膨《ぼう》化《か》食品と称されるものの一種。含水量の関係で、新米よりも古米や古々米を使用したほうが、食感や味に優れたものができるとされる。

❖**ポップコーン**　トウモロコシの品種である小粒で種皮が固いポップ種（爆裂種）を乾燥させた粒を、油やバターをひいたフライパンなどで数分間炒る。粒の中の水蒸気が膨張して圧力に耐えられなくなった固い種皮が弾けて大きくなったもの。ニューメキシコ州（アメリカ）では紀元前三六〇〇年頃の遺跡からポップコーンの痕跡が見つかっている。焚き火の中に乾燥させたポップ種の種子を投げ込んで、焚き火から飛び出した物を食べていたようである。

❖**「ひみつきち」**　国道四二号線沿いにある。裏庭で、よく子どもたちがキャッチボールをしていたりする。みんな田舎の子らしく人懐っこい。【新宮市神倉1の4の7】

け、毎日仏壇の前で涙を流していました。

泣き暮らす幸子さんの姿を見かねて一計を案じたのが会社を継いだ長男の保仁《やすじ》さん（当時三六歳）。元気な子どもに囲まれていれば悲しみは癒《い》えるだろうと、この駄菓子屋をプレゼントしたのでした。自ら陳列台を作り、菓子卸業を営む友だちに頼んで商品を仕入れました。「ここに座っていなさい」と、幸子さんに店番を委ねたのです。

開店すると、好奇心いっぱいの子どもたちがすぐにやってきました。店で子どもたちと接するうちに、幸子さんの心は和んでいきました。

裏庭も遊び場として開放し、キャッチボールもできるようになりました。夏にはかき氷を用意。お菓子ばかりでは体に悪いだろうと、温かいおでんやジャガバター、肉まん、ピザまんもそろえました。

常連の小学生は、「この辺に駄菓子屋はないので、ここができて嬉しい。友だちもいっぱい集まる」と嬉しそうでした。明るい子どもたちの様子を見る幸子さんの顔にも、自然と笑みが浮かんでくる。

「何よりも元気をもらえます」。

この基地があれば、もう泣き暮らさなくてもいいのです。

子どもたちに囲まれ、嬉しそうな清岡幸子さん（右）＝新宮市で

COLUMN

みかん

〈逸夫による解説〉

和歌山県に赴任してから、お歳暮にはみかんを送るようになったのだが、評判は上々。私の故郷である愛媛県の親戚にも送ったところ、「みかんの産地、愛媛県に送るヤツがあるか」と言われたが、食べた叔父は、「愛媛産がいちばん美味しいと思っていたが、和歌山には負けたわい」と喜んでいた。

和歌山のみかんは小ぶりなので、「みかん大福」にすべきだとみかん屋さんに提案しているが、まだだれも実行していない。やれば、きっと新宮の名産品になるのに、ここの人たちは欲がない。

和歌山県の名産品は、みかんのほか、梅干しと甘柿も有名だ。梅干しは全国の生産量の六割を占め第一位。甘柿も全国一位。芭蕉の俳句で、「柿食えば、鐘が鳴るなる法隆寺」という句があるが、あの柿は和歌山県産ではないかと思う。奈良は隣の県だから、どんどん運んだと推測される。

❖**梅干《うめぼ》し**　熟した梅の果実を塩漬けした後に日干ししたもの。戦国時代には保存食だけでなく、傷の消毒、戦場での食中毒や伝染病の予防に必需品だったため、武将たちが梅の植樹を奨励した。現在でも梅の名所や梅干しの産地が各地にあるゆえんである。

小学校で梅干しを作る授業も＝新宮市で

❖甘柿《あまがき》　柿には一〇〇〇以上の品種があるが、おおまかに甘柿と渋柿に分けられる。渋柿は実が熟しても果肉が固いうちは渋が残る。甘柿は渋柿の突然変異種と考えられており、日本特産の品種で、未熟時は渋いが熟すに従い渋が抜け、甘みが強くなっていく。

❖芭蕉《ばしょう》　一六四四〜一六九四年。江戸前期の俳諧師。伊賀国上野（現在の三重県上野市）出身。父は農作を業としながら正式に松尾の姓を有した。料理人としての奉公先で俳句を嗜《たしな》むことになった。三〇歳代初めに江戸に出、やがて職業的な俳諧師の道を歩む。深川（現・江東区）に草庵を結び隠逸《いんいつ》生活に入った後は、諸国を旅して回った。一般に、庵住《あんじゅう》（隠棲《いんせい》）と行脚《あんぎゃ》（旅行）は一対として出家修行の二形態であり、芭蕉が各地で長期・短期の庵住を営み、そのあいだ、あいだを旅に過ごしたのは、修験者としての実践の形を踏んだといえる。

COLUMN

散髪屋にもフータ

〈逸夫による解説〉

フータはどこにでも入っていくが、散髪屋まで受け入れてくれたのは驚き。支局の近所を散歩していたら、フータのそばに寄って来た男性がいた。「犬が好きで、好きで。ウチも飼っていたんだが」と話す。聞けば、目の前の散髪屋の主人だった。「散髪に行くとき、犬を置いて行かねばならないので、犬が可哀想です」と話すと、「ウチなら犬連れでも大丈夫だよ。ときどき、犬を連れて来るお客もいるから」という。その言葉に甘えてフータを連れて行った。ソファの上にフータを置こうとしたが、フータは離れようとしない。仕方なく、フータも鏡の前に座った。白い布をかぶせられた私の上にちょこんと乗っているのだ。「ああ、いいですよ。いいですよ」と主人。こんなの初めてだと思った。これが熊野なのだと思った。

レストランや喫茶店でも、犬を連れて入ってもOKな店がときどきあった。都会のように、「ドッグカフェ」なんか一つもないが、そうやって許容してくれるのだ。こちらのほうが驚いてしまう。

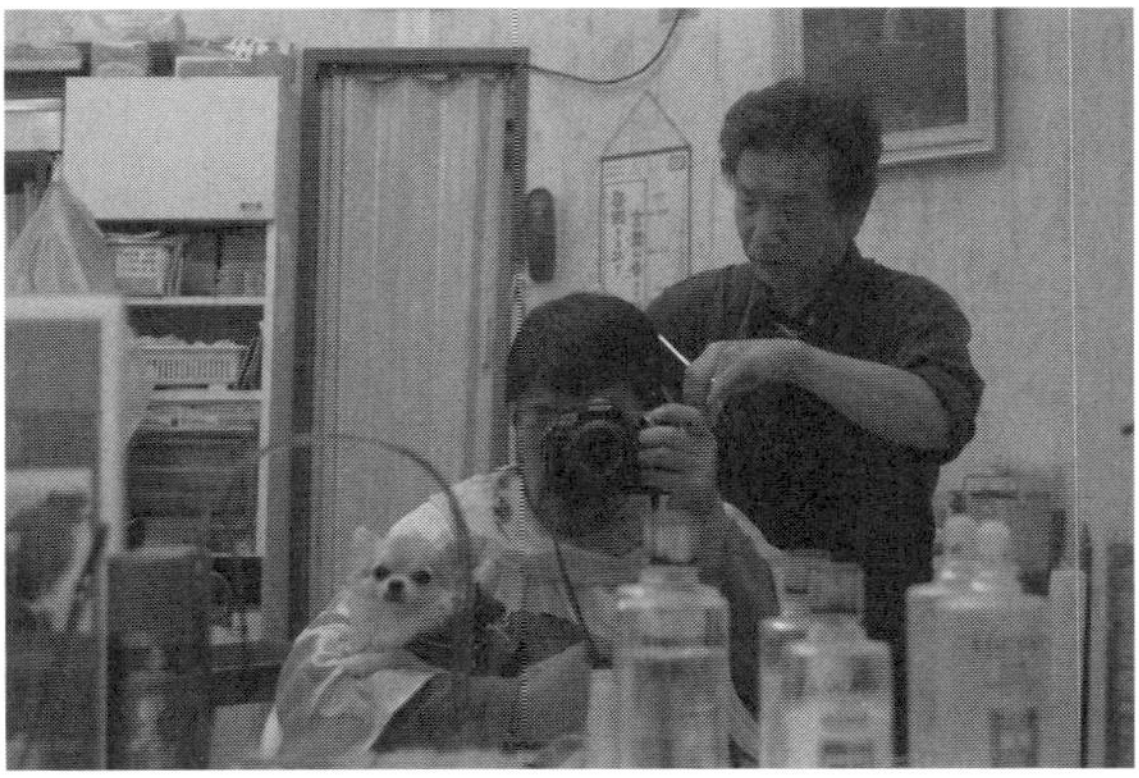

フータを抱っこしたまま髪を切ってもらう、鏡に映った逸夫＝新宮市で

第五章　自然

一枚岩の伝説

本州の最南端は串本町ですが、その手前にある古座川町に故司馬遼太郎氏も驚いたという岩があります。「古座川町の一枚岩」と呼ばれています。何しろ高さ約一五〇メートル、幅約八〇〇メートルの一枚の岩でできているというのです。

春には桜、秋には紅葉、夏には、前を流れる古座川でカヌーを楽しむ人たちで賑わい、季節感のある風光明媚な場所です。その景色もいいのですが、僕は、その伝説が好きです。僕のご先祖様にまつわるお話です。

昔、岩が大好物という魔物が太地（現太地町）に住んでいました。魔物は岩の多い古座川流域に目をつけ、下流から岩を次々と食い荒らしていったといいます。魔物が一枚岩に食らいついたとき、犬が猛然

夕景に浮かぶフータ。まるで守り犬（?）のようなシルエット＝新宮市で

「一枚岩」に現れた守り犬のシルエット＝古座川町で2010年4月17日

と襲いかかり、追い払いました。魔物の歯型は一枚岩の中央部に現在も残り、魔物の悔し涙が一枚岩に流れ落ち、「陰陽の滝」と呼ばれる滝となったと伝えられています。

これだけで驚いてはいけません。実は、この守り犬のシルエットが年に二回、一枚岩に現れるのです。四月一九日と八月二五日の前後三日間。それも夕方の五分間だけです。最近の発見なのですが、まるで伝説に合わせたかのような現象が見られるのです。

「一枚岩」のある古座川とその支流周辺の区域が最近、県立自然公園に指定されました。支流は小川《こがわ》、佐本川《さもとがわ》、平井川《ひらいがわ》、添野川《そいのがわ》などで、将軍山南部を中心とする森林区域も公園に含まれます。面積としては六二四一ヘクタールで、県内では最大の自然公園となりました。見どころは、変化に富んだ河川景観と上流部の豊かな森林です。

橋杭岩

これを見たときは、度肝を抜か

❖**司馬遼太郎**《しばりょうたろう》　一九二三～一九九六年。昭和・平成期の小説家。一九四三年に学徒出陣し、栃木県佐野で敗戦を迎える。新聞社に在社中から歴史小説を書き始め、一九六六年に菊池寛賞を受賞した。「竜馬がゆく」「国盗り物語」「坂の上の雲」など作品多数。紀行、評論、エッセイも多くある。兵庫県姫路市の姫路文学館に「司馬遼太郎記念室」、大阪府東大阪市に「司馬遼太郎記念館」がある。

❖**一枚岩**《いちまいいわ》　古座川左岸にある日本最大級の巨岩。高さ一五〇メートル、幅八〇〇メートルで、国の天然記念物。反対岸には食事もできる「一枚岩鹿鳴館」（旧観光物産センター）があり、ゆっくり楽しめる。【東牟婁郡古座川町相瀬】

❖**陰陽**《いんよう》**の滝**《たき》　一枚岩のほぼ中央部に流れている滝。「魔物の悔し涙が流れ落ちている」と言われる伝説となっている。

橋杭岩とフータ＝串本町で

れました。紀伊半島を一周している国道四二号を新宮から南下し、一時間も車で走ると串本町に着きます。その串本の入り口にあるのが国の天然記念物に指定されている橋杭岩です。国道のカーブを回ると、左に海が開けるのですが、そこに、大きな岩山がニョキニョキと連なっているのです。八五〇メートルの距離に約四〇の大小の奇岩が並んでいます。岩山のそばは、平らになっているのですが、その平面にまるでだれかが放り投げたように、岩が散らばっているのです。

伝説では次のようにいわれています。弘法大師と天の邪鬼とが一晩で大島まで橋を架ける競争をしたが、負けそうになった天の邪鬼が鶏の鳴きまねをして夜が明けたと思わせたため、弘法大師が作業を止め、橋を完成させることなく杭だけで終わったというのです（ウィキペディア）。

科学的に説明すると、次のようになります。

❖**橋杭岩《はしぐいいわ》**　串本町にある奇岩群。岩が並ぶ姿が橋の杭のように見えることからその名がつけられた。吉野熊野国立公園に属し、国の天然記念物。【東牟婁郡串本町くじ野川】

❖**弘法大師《こうぼうだいし》**　七七四～八三五年。真言宗の開祖。法名は空海。「弘法大師」は九二一年に醍醐《だいご》天皇から贈られた諡号《しごう》。平安前期、讃岐《さぬき》国（現・香川県）出身。一五歳で上京、一八歳で高級官僚養成のための大学に入るが間もなく退学、仏教的な山林修行を始める。三一歳で唐へ留学。中国から真言密教をもたらした。八一六年に高野山が下賜され、このころから旺盛な著作活動を開始した。

❖**天《あま》の邪鬼《じゃく》**　中国では水鬼で「海若《かいじゃく》」といわれ、毘《び》沙門天《しゃもんてん》の腹部にこの面をつける。のち四天王（持国《じこく》天、増長《ぞうちょう》天、広目《こうもく》天、多聞《たもん》天（毘沙門天のこと））が踏む鬼を日本で耐薫《あまのじゃく》と呼んだ。

❖**大島《おおしま》**　串本町の沖合約一・八キロメートルの海上に浮かぶ。現在は橋がかかっている。面積は約一〇平方キロメートル、周囲二六キロメートル。人口約二〇〇〇人。全国に大島の名を持つ島が多いため、正式には「紀伊大島」と呼ぶ。

❖**マグマ**　地下の岩石が溶融した物質。高熱で液体のマグマは周囲の岩より比重が小さく、その影響で自然と地殻上部に上がり、マグマだまりといわれる塊になる。噴火時のマグマは、火山ガス、溶岩、軽石、火山弾、火山灰に姿を変える。

橋杭岩は一四〇〇万年前、マグマ❖が上昇して冷え固まり、それが波に浸食され、固い火成岩❖の部分だけが残ったのです。

毎年一一月になると、数日間ライトアップされます。投光器から白や赤や青などのカラーライトが照らし出す風景は、幻想的ですが、やっぱり僕は、自然のままのほうが好きだなあ。だって、自然のものなんだもの。それだけで十分迫力があるのですから。

熊野の石

僕が毎日散歩に行った新宮市の海岸は王子ケ浜❖と呼ばれています。広くて壮大な海岸です。砂浜といいたいのですが、砂ではなく、ほとんど石の浜辺です。そこで逸夫と一緒に見つけたのが、下の写真の石です。まるで人間が描いたような模様ですが、すべて自然の造形です。タイトルを付けるとすれば、それぞれ「顔」「ジュゴンと少女」「コアラ」「魚」「犬」でしょうか。

石は「御浜小石」と呼ばれています。熊野川の上流から運ばれた石が熊野灘に出て、荒波に洗われて丸っぽくなります。自然の驚異、不思議さに驚かされます。かつては、米国へ庭石として輸出されていたこともあるといいます。また、「那智黒」と呼ばれる硯《すずり》などに使われる石も落ちていたそうです。だから、昔は、業者もそうですが、主婦

❖**火成岩**《かせいがん》　溶岩や噴火直前のマグマが冷えて固まった岩石の総称。急激に冷えた火山岩と、ゆっくり冷えて固まった深成岩の二種に分けられる。

❖**王子ケ浜**《おうじがはま》　新宮市の前、南北三キロメートルにわたる石浜。熊野灘の荒波に削られ、丸っこい美しい石が敷き詰められたように広がる。雄大な景色を見ながらサイクリングできる。浜の堤防と熊野川の堤防がつながっているので、海と川の両方の景色が楽しめる。【新宮市新宮】

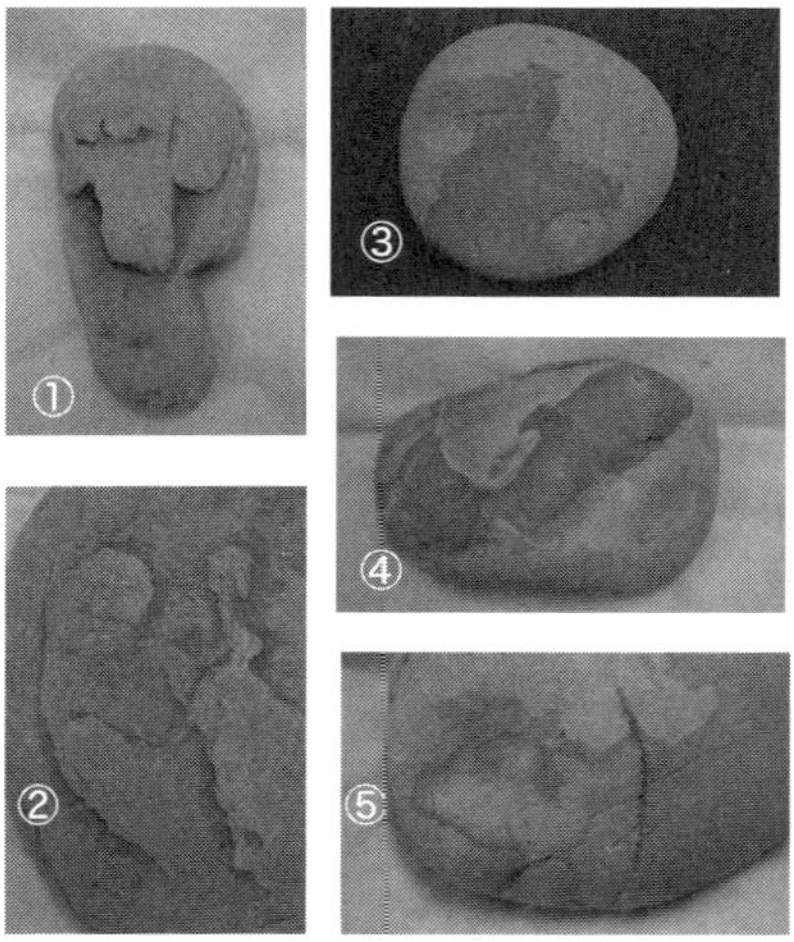

①顔　②ジュゴンと少女
③コアラ　④魚　⑤犬

もアルバイト代わりに石を拾いに来て、売っていたそうです。これでは石がなくなってしまうと心配した行政が、石の販売を禁止したそうです。

しかし、どうしてこんな模様ができるのでしょうか。日本地質学会会員の後誠介《うしろせいすけ》さん（那智勝浦町在住）によれば、ここの石は深海で誕生した岩石で、一億五〇〇〇万年前の古い岩石から一五〇〇〇年前の新しいものまであるそうです。熊野川がその地層を横切るように流れているから、種類が多いのだとか。模様は、「砂やプランクトンなどが積もるときにできたものや、陸化するときに変形してできたもの」と解説してくれました。

川と海

熊野のすばらしさは、川と海の両方があることです。両方とも、本当に美しい。

この地方の子どもたちは、川と海を使い分けて泳いでいます。ものすごく暑い日は川で泳ぎ、そうでもないときは海で泳いでいます。川の水は、海よりも冷たいからです。

僕は、川のほうが好きだなあ。何しろ涼しい。それにどこか懐かしい。透明な水、セミの声、緑の臭い。すがすがしく、井上陽水の歌「少

❖**深海《しんかい》** 一般的に、高圧・低温・暗黒・低酸素状態などの過酷な環境であり、植物プランクトンが光合成で必要とする太陽の光が届かなくなる水深二〇〇メートルより深いところをいう。地球の海の平均水深は約三七三〇メートルで、深海は海面面積の約八〇%を占める。

❖**プランクトン** 自己の移動力が弱いため水流によって受動的に移動する浮遊生物群。大きさは一ミクロン以下の細菌から、傘径二メートルに達するクラゲまである。

❖**井上陽水《いのうえようすい》** 一九四八年〜。日本のシンガー・ソングライター。一九六九年デビュー。一九七〇年代にフォークソング界、ニューミュージック界を牽引《けんいん》。「少年時代」（一九九〇年）は最大のヒット曲。

❖**メッカ** 地名で、サウジアラビアのマッカ州の州都。預言者ムハンマドの出生地であり、イスラム教の発祥の地。カーバ神殿があるイスラム最大の聖地として、多数の巡礼を集める。転じて、ある分野の中心地や発祥地、また、あこがれの地をいう。

❖**アユ** 硬骨魚綱サケ目アユ科の遡河《そか》性魚類。北海道南部から南西諸島までの日本各地と朝鮮半島南部、中国の東南部に分布。全長三〇センチメートル。背ビレが大きく淡黄褐色の地に胸ビレ付近に卵形の鮮黄色斑があり、ウロコは小さく側線上に一六〇枚以上もあることなどが形態の特徴。

❖**「奥高田川《おくたかだがわ》」** 新宮から本宮への道を高田方面へと

年時代」が頭の中を流れてきます。

しかし、周囲を見回すと、人間の大人で泳いでいる人はほとんどいません。逸夫が監視員に「大人は泳がないの?」と尋ねると、「そういえば、そうやなあ」と自分でも気付いていないようすなのです。

地方では、泳ぐのは小学生か中学生。大人は泳がないものと相場が決まっているのかもしれません。何歳になったら結婚し、何歳になったら家を持ち、何歳になったら老人、と暗黙のルールがあるのでしょう。それが、地方を不自由にしている気がします。

一方、定年後、第二の人生をここで過ごそうとやってくる人たちもいます。その人たちの中には釣りを趣味とする人たちが多いのです。何しろ、海釣りも川釣りもできるのですから。串本は海釣りの❖メッカで、シイラやカンパチ、カツオ、ハタ類などが釣れ、トローリングもできます。川では、熊野川と古座川を核とし、その支流など❖アユ釣りに訪れる人が多いのです。

新宮市高田《たかた》で、天然アユを食べられるそば処「❖奥高田川」を経営する川野進《かわのすすむ》さん(当時六九歳)も、第二の人生の場所として住み着いた一人です。

「天然アユやウナギが食べられるところは、この辺ではウチだけでしょう」と人懐っこい笑顔を見せるのです。徳島県生まれの川野さん

左折すると、「そば　奥高田川」と書かれた旗がたくさんあるのでわかる。店は高田川のほとり。ご主人が整備した庭や古民家がいいムード。夏は、ホタルが舞うという。【新宮市高田580　☎0735の29の0358】

アユ料理を見せる川野進さん＝新宮市高田で

は、地元吉野川でアユ釣りの道具を拾い、木綿糸を付けて川に垂らしたのが、アユ釣り人生の始まりでした。大阪でサラリーマンをしていましたが、休みが取りにくいので自分で建築会社を設立し、気ままにアユ釣りをするようになったそうです。アユ釣りが盛んな熊野が気に入り、会社をたたんで一二年前に大阪から引っ越してきました。

「高田川はダムがないので、天然アユが豊富。こんなに自然に恵まれたところもない」とご満悦なのです。毎朝アユを釣り、そばを打ち、ランチだけの営業を続けています。

いい暮らしだなあ。人生はこういう風じゃなくてはね。僕は魚は嫌いですが。

台風

熊野の自然を語るとき、台風のことは欠かせません。二〇一一年九月初旬に来た台風一二号なんて、すさまじいですよね。僕は、その直前に東京に戻ったので、あやうく免れましたけど、紀伊半島などで死者・行方不明者が九〇人を超え、平成最悪級、一〇〇年に一度の被害を負いました。深く、深くお見舞い申し上げます。熊野川の増水により、熊野川行政局の庁舎三階近くまで浸水しました。紀宝《きほう》町浅里《あさり》地区では広範囲にわたって水没し、これらの被災地に向かう国道一六八号

❖高田川《たかだがわ》　清流を好むボウズハゼやアマゴ、アユなど淡水魚の種類が豊富。流れを利用した二カ所の自然プールは市民の憩いの場となっている。流域林は「森林浴の森日本100選」（林野庁と緑の文明学会、地球環境財団が共同で一九八六年に制定）にも選ばれている。

カヌーなど、川遊びもさかんだ＝新宮市で

などが土砂災害や浸水などにより寸断され、孤立した集落が多数確認されました。那智川❖でも河川の氾濫が発生し、那智勝浦町の井関《いせき》・市《いち》野々《のの》地区では川沿いにある集落の家が押し流され、多数の犠牲者が出ました。僕をよく抱っこしてくれた町長の自宅も流されてしまい、町長の妻と娘も犠牲となりました。町長の娘はその当日に結納を控えていた矢先での出来事でした。僕も胸が痛みます。

毎年毎年、台風は熊野を襲うのです。風速三〇メートルの風なんて、怖いですよ。鉄筋三階建ての支局が揺れるのですから。僕は、布団に潜り込んでふるえていました。

僕が新宮市にいた二〇一〇年九月にもゲリラ豪雨❖で、一時間一二六ミリを記録。住宅二六五棟が浸水被害に遭いました。

同市防災対策室によると、豪雨があったのは、市の中心部。新宮市消防調べで午後一〇時から一一時までの一時間で、一九六一年の観測以来最高の雨量を記録しました。道路の一部が冠水

熊野川が氾濫し、冠水した道路＝三重県側で

❖**台風**《たいふう》 水温二七度以上の温かい海洋上で発生・発達し、最大風速が毎秒一七・二メートル以上の北太平洋上にある熱帯性低気圧。直径三〇〇〜二〇〇〇キロメートル。渦巻状に分布する積乱雲群からなり、発達するとその中心に晴天域（眼）をもつ。

❖**台風一二号**《たいふうじゅうにごう》 二〇一一年八月二五日にマリアナ諸島付近で発生。岡山県・鳥取県を縦断した。大型で動きがゆっくりだったので、広い範囲で大雨となった。紀伊半島では、総降水量が一〇〇〇ミリメートルを超える記録的なものとなった。被害は、全国で死者七三人、和歌山県は五〇人に至った。

❖**那智川**《なちがわ》 和歌山県東牟婁《むろ》郡那智勝浦町を流れる二級河川。那智湾に注ぐ。吉野熊野国立公園の一部に含まれている。流域の年間降水量は三〇〇〇ミリメートルで、全国平均を大きく上回る。上流は峻険で流れが早く、那智の滝をはじめとする「那智《なち》四十八《しじゅうはち》滝《たき》」がある。また、関西電力の那智発電所も設置されている。

❖**ゲリラ豪雨**《ごうう》 集中豪雨の中で一〇キロメートル四方程度のきわめて狭い範囲に大雨をもたらし、事前予測が難しい現象についてマスメディアなどが二〇〇六年頃から使い始めた用語。とくに都市化が進んだ地域ではヒートアイランド現象により上昇流が発生しやすく、さらに湿気に富む海風などの影響を受けて積乱雲が急速に成長し、時間雨量で五〇ミリメートルを超えるような集中豪雨をもたらす。

し、一時通行止め。住宅被害は床上浸水二七棟、床下浸水二三八棟。そのほか、事業所などの非住宅で一三七棟の浸水被害があったのです。千穂《ちほ》三丁目で後片付けをする居酒屋経営の女性（当時六七歳）は「こんなこと二〇年以上もなかった」、居間が浸水した主婦（同七〇歳）は「怖いのと後片付けで、一晩中眠れなかった」と話してくれました。市の対策室は「これだけ激しい豪雨では、防ぎようがない」と困っていました。

こんな浸水の後が大変です。何しろ、市内には水洗トイレではないところが結構あります。だから、浸水の後処理をきちっとしないと、衛生面で困ったことになりますから。

普段でも、時々❖バキュームカーを見かけます。懐かしい風景と思われる方もいらっしゃるのではないでしょうか。

自然の研究

大自然が美しい熊野ですが、その環境を生かして、自然の研究も進んでいます。

串本町の❖串本海中公園センター水族館（宇井晋介《ういしんすけ》館長）が、❖アカウミガメの第二世代が誕生したと発表したのです。アカウミガメは環境省の❖レッドデータブックの絶滅危惧II類に指定された種で、世界初の

「あっ、バキュームカーだ」＝新宮市で

❖**バキュームカー**　衛生車、糞尿収集車、くみ取り車、し尿収集車などとも呼ばれ、汲み取り式便所での糞尿、浄化槽に貯まった汚泥の回収を行う。吸引機とタンクを装着した自動車（トラック）。和製英語。

快挙です。

ＮＰＯ法人「日本ウミガメ協議会」（大阪府枚方市）の松沢慶将《まつざわよしまさ》主任研究員によれば「アカウミガメの水族館での二世誕生は世界でも例がない。自然界なら地球の反対側まで行き、数十年後に戻って産卵する生き物ですから」と解説してくれました。

水族館は、ウミガメ産卵場として屋外に二〇〇トンプールと約八〇平方メートルの人工砂浜を持っています。一九九五年に世界初のアカウミガメの人工繁殖成功で、第一世代が誕生していますが、子世代の個体が成長し産卵、二〇一〇年九月四日に誕生を確認したものです。

今回生まれたのは三匹。甲羅の長さ約四センチ、重さ約二〇グラムで、元気に泳いでいます。産卵場には現在二〇匹以上のアカウミガメがいて、一二匹の一世（一五歳）のうちの二匹が今回産卵しました。吉田さんは「二〇〇六年から毎年一世が産卵するようになったが、これまでふ化したことはない。館として長年研究

アカウミガメの第２世代が誕生した＝串本海中公園センター水族館で

一九五一年に神奈川県川崎市が全国に先駆けて開発・導入し、その後、全国へ普及。一九八〇年代以降、下水道の普及により急速に姿を消した。

❖串本海中公園《くしもとかいちゅうこうえん》センター水族館《すいぞくかん》　吉野熊野国立公園内に位置し、一九七一年開業の水族館を中心とした公園施設。串本は温帯気候だが、海中は暖流の影響で熱帯・亜熱帯。世界最北のテーブル珊瑚群生地。水中トンネル式大水槽では、自然の海がそのまま見られる。小型犬同伴可能。【串本町有田１１５７（ＪＲ紀勢本線串本駅から無料送迎バスあり）】

❖アカウミガメ　は虫綱カメ目ウミガメ科の海産亀で、甲長《こうちょう》一・一メートルに達する大型種。淡赤褐色の体色から「アカ」の名がついた。太平洋・インド洋・大西洋の熱帯・亜熱帯域に分布。六～七月頃に六〇～一五〇個の球形の卵を産む。魚類・甲殻《こうかく》類・軟体類を食べる肉食性で、攻撃的で気が荒い。肉にも卵にも一種の不快臭がありふつうは食べないが、西インド諸島では卵を食べる。甲羅は表が褐色、裏が帯黄色で磨くと美しく、装飾品として珍重される。

❖レッドデータブック　絶滅のおそれがある野生動物をリストにして、その分布や生息状況を詳しく紹介するガイドブック。表紙は「危機」を意味する赤色。この本に掲載された野生動物のリストを「レッドリスト」という。一九六六年に国際自然保護連合（ＩＵＣＮ）が作成した。環境庁（現・環境省）は一九九一年から日本版を刊行している。

してきた苦労が報われたのだと思う。大変嬉しい」と話していました。

「何だウミガメか。大したことないや」と思われるかもしれませんが、アカウミガメは通常すごく広い世界で生きているのです。一生の間に太平洋を横断してしまうのです。それを考えると、ここのプールだけで生活するカメが繁殖したということは快挙だと思うのです。

こんな小さなカメが太平洋を股に掛けて生きていることを考えると、僕の人生は小さいなと、ちょっとショックです。

腹ビレイルカの「はるか」

東牟婁《むろ》郡太地《たいじ》町の❖くじらの博物館にはお腹にヒレのあるイルカがいます。❖海洋水族館のトンネル水槽にいるメスの❖バンドウイルカ「はるか」（二〇一〇年七月当時一二歳）です。

はるかのおなかには、長さ約一七センチのヒレがあります。普通、イルカには背ビレ、胸ビレ、尾ビレはありますが、腹ビレはありません。世界でもここでしか見らません。

二〇〇六年一〇月二八日、同町の漁師たちが、熊野灘の沖合から追い込み漁で捕らえたイルカの中に偶然見つけたのです。

腹ビレは、三五〇〇万年前に退化した後ろ足の名残ではないかとみられています。生物の進化は、水中から陸上に向かって進みましたが、

バンドウイルカ「はるか」のお腹には珍しいヒレがある＝「くじらの博物館」で

❖**くじらの博物館《はくぶつかん》** 捕鯨の歴史や技術を後世に伝えるために、一九六九年にオープンした世界でも最大

イルカ、クジラ類は陸にいて重い体をもてあましたほ乳類が水中に戻ったものです。後ろ足は浮力のある水中では不要なため退化したと考えられています。そのほ乳類とは、なんとカバ類らしいのです。これには驚きました。イルカとカバでは、似ても似つかないですからね。

では、僕の祖先は何なのでしょう。オオカミやキツネまでは思いつきますが、その前は姿形が似ているからカンガルーあたりでしょうか。話が逸れました。要は、太地町はクジラやイルカについては、しっかり研究しているということです。

余談ですが、くじらの博物館で面白かったのは大掃除です。同博物館では、毎年暮れになると大掃除があり、展示物に付いた一年分のほこりを落とします。

年末の恒例行事で、とくに大変なのが、本物の❖セミクジラから型を取った樹脂製の模型。吹き抜けの三階天井からつるし、体長約一五メートル、幅約八メートルもあります。

参加職員は約一〇〇人。はしごを使ってクジラ模型の上に乗り、ロープに命綱を結んでの作業。滑らないように気を付けながら、モップで磨きます。クジラを追い掛ける古式捕鯨をする漁師たちのマネキンの雑巾がけも行うのです。

あんまり模型が大きいので、いくら作り物でもびっくりしました。

級のクジラの博物館（太地町立）。実物大のセミクジラ模型や骨格標本、古式捕鯨ジオラマ、捕鯨の道具、標本など一〇〇〇点以上の展示物がある。外にある自然の入り江を利用したプールでは、クジラのショーなどが行われている。小型犬同伴可能。**【東牟婁郡太地町太地２９３４の２　☎０７３５の５９の２４００】**

❖海洋水族館《かいようすいぞくかん》　くじらの博物館の奥にある施設。世界でも珍しい腹ビレのあるバンドウイルカなどが飼育展示されている。プールトンネルが楽しい。

❖バンドウイルカ　鯨偶蹄目《くじらぐうてい》ハクジラ亜目マイルカ科ハンドウイルカ属。ずんぐりした頭と体をしている。北極圏と南極を除く世界中の海に生息。好奇心が強く行動的な性質。

❖セミクジラ　鯨偶蹄目《くじらぐうてい》ヒゲクジラ亜目セミクジラ科セミクジラ属。温帯から亜寒帯の沿岸に生息。日本哺乳類学会では絶滅危惧種に登録されている。カラシティ（角質化したこぶ状の隆起）に覆われた大きな多央部、背ビレのない広い背中、黒っぽく丸々と肥えた体が特徴。ゆっくりとした泳ぎで、沿岸部に接近する事が多いうえに好奇心旺盛で、脂肪分が多く死んでも沈まないなどの理由から捕獲が容易であり、他方、鯨油や鯨肉の採取効率に優れ、工芸材料として便利な長いクジラヒゲを有しているなど利用価値が高かったことから、古くから各地で捕鯨の対象とされてきた。

COLUMN

魚

〈逸夫による解説〉

第五章でフータが紹介した「奥高田川」で食べるアユは、本当に美味しい。頭から尾まで抵抗なく口に入っていく。塩焼きと天ぷらで軽く一〇匹ぐらいは食べられる。地元でも結構知られた店だ。テラスもあるので、犬連れでもOK。澄んだ空気を吸い、山を眺めながら食べるのは最高。

熊野は海の魚も豊富で、とくにマグロが有名。那智勝浦港は、近海マグロの水揚げでは日本一を誇る。観光客の多くは、勝浦に宿泊する。温泉宿も多く、マグロを食べられるからだ。しかし、私はあまりマグロには執着していない。日本人はマグロを好きな人が多いが、どちらかといえば、マグロは水っぽくてあまり味がない。なぜ、日本人がマグロを好きになったのかというと、それは流通のせいだと思う。近年、魚をさばける主婦が減った。となると、肉のように四角い切り身で売り買いできるもののほうがよく売れる。だから、流通にのりやすかったのだ。もっと美味しい魚はいる。

でも、私の知るかぎりだが、勝浦漁港のそばにある「森本屋」のまぐろ丼だけは美味しいと思った。タレがいいのだと思う。

マグロもそうだが、サンマも熊野の名物だ。

マグロ市場＝那智勝浦町で

熊野のサンマはちょっと変わっている。普通、サンマを選ぶとき、脂ののったものが好まれるが、熊野では逆に嫌われる。焼くときに脂がのっていては煙が出るからだ。それに、ここの名産、サンマ寿司を作るとき、脂がのっていないほうが美味しいのだ。海岸を歩いていると、よくサンマを干している。天然干しのほうが美味しいのだ。値段も一匹三〇円や五〇円だったりと、おそろしく安かったりする。しかし、脂がのっていない種だ。最初は、脂がのっていなくて大丈夫かなと思っていたが、これが美味しいのだ。そのとき思ったのは、そうか、江戸時代はきっとこうだったのだと。江戸時代、日本人は寿司でもトロよりも赤身を好んだといわれる。熊野には、その感覚が残っているに違いない。日本人が、脂ののった魚を好むようになったのは、肉食が進んだ結果だ。肉を食べているうちに、舌が脂を好むようになったに違いない。それは単に体質が変わっただけで、脂身が美味しいとはかぎらないのかもしれない。それで成人病や肥満が増えたのでは問題だ。原点に帰ったほうがいい。

❖**マグロ**　「鮪」と書く。硬骨魚綱スズキ目サバ亜目サバ科マグロ属の総称。名前の由来は、目が黒いことからその名がつけられた説と、常温で放置しているとすぐに真っ黒になるからという説がある。高速遊泳に適した楕円形。体長は六〇センチメートルから三メートルに達するものまで、種類によって異なる。

❖**森本屋**《もりもとや》　昔風で家族的なムードのおそば屋さん。マグロ丼、天丼は、ともに八四〇円（二〇一一年当時）。【東牟婁郡那智勝浦町勝浦４５１　☎０７３５の５２の４５７８】

❖**サンマ**　「秋刀魚」と書く。硬骨魚綱ダツ目サンマ亜目サンマ科の海産魚。関西では「サイラ」といい、これが学名の元になっている。日本からアメリカ太平洋岸に至る北太平洋の亜寒帯水域と中央水域に分布。体長四〇センチメートルに達する。太平洋側を回遊する魚群は七~八月に北海道に出現し三陸沖を南下、一一月に常磐から銚子沖に達し、さらに伊豆諸島から四国沖まで産卵越冬した後、暖流にのって北上に転じ再び北海道沖に戻る。

❖

寿《す》司《し》　すしの語源は「酸っぱい」を意味する「酸《す》し」の終止形で、酸味のあるすし飯と新鮮な魚とで作られる。大別すると、米飯を自然発酵させる古い形の「なれずし」と飯に酢を混ぜる「早ずし」に区別できる。現在よく使われる「寿司」という文字は江戸時代末期に作られた当て字で、「寿を司る」という縁起担ぎの意味のほか、賀寿の祝いの言葉を意味する「寿詞（じゅし・よごと）」に由来するとの説もある。

熊野では伊勢エビもたくさん捕れる＝串本町田原で

第六章　観光と温泉

熊野三山

熊野速玉大社、熊野那智大社、熊野本宮大社。観光客が必ず訪れるのが熊野三山です。しかし、時間のない人は、三つも回れないので困ってしまう。正月の初詣も、ここ熊野にいると、どこに行くべきか迷ってしまいます。

正月の参拝者が一番多いのは熊野本宮大社だそうです。熊野本宮大社は、名前で得している気がします。古くは「熊野巫《にます》神社」と呼ばれたそうですが、「本宮」という名前のため、今はあたかも三山の中でも「総本山」のような印象を与えています。熊野速玉大社の所在地である「新宮市」の名前のせいもあります。新宮は古い町なのに、由緒がなく新しくできた「宮」のような印象を与えるからです。「速玉」という名も、観光客としては覚えにくいのです。

❖熊野速玉神社《くまのはやたまたいしゃ》　世界遺産熊野三山の一つ。熊野速玉大神《くまのはやたまのおおかみ》、熊野夫須美大神《くまのふすみのおおかみ》が主祭神。創建は不明。もともと神倉山《かんのくらやま》（新宮市）に祀られていたが、記録に残らないほど古い時代に現在地に移された。だから、神倉神社を元宮、現在の社殿が新宮と呼ばれる。それが新宮市の名前の由来となった。例大祭は一〇月一五日の神馬渡御、翌一六日の御船祭。ほかに扇《おうぎ》立祭《たてまつり》（七月一四日）などもある。【新宮市新宮1】

❖熊野那智大社《くまのなちたいしゃ》　主祭神は熊野夫須美大神《くまのふすみのおおかみ》。現在は山の上に社殿があるが、もともとは那智の滝に社殿があり滝の神を祀ったものだと考えられる。明治の神仏分離令によって熊野本宮大社・熊野速玉大社では仏堂が廃されたが、熊野那智大社では観音堂が残され、やがて青岸渡寺《せいがんとじ》として復興した。例大祭は七月一四日の扇《おうぎ》祭《まつり》。この扇祭は「那智の火祭」として和歌山県無形文化財に指定されている。ほかに滝本迎水行事（一月一日）、烏牛王神璽摺初め式（一月二日）などがある。【東牟婁郡那智勝浦町那智山1】

❖熊野本宮大社《くまのほんぐうたいしゃ》　熊野三山の一つ。家都美御子大神《けつみみこのおおかみ》、熊野坐大神《くまぬにますおおかみ》、熊野加武呂乃命《くまぬかむろのみこと》が主祭神。創建は不明。一八八九年の洪水で社殿は流され山の上に再建、現在に至っている。例祭の湯登神事《ゆのぼりしんじ》（四月一三日）は和歌山県無形文化財に指定されている。このほか八《や》咫烏神事《たがらすしんじ》（一月七日）、御竈木神事《みかまぎしんじ》（一二月一〇日）などがある。【田辺市本宮町本宮1100】

滝の上から三筋の滝となって落下する＝那智勝浦町で

もう一つ演出の問題もあります。熊野速玉大社は平地にあります。熊野本宮大社と熊野那智大社は長い石段を登った先にあります。人間は、苦しい思いをしてたどり着いたり、高いところにあったりすると、より「ありがたい」と思うようです。

熊野那智大社には、さらに美しい滝まであります。「❖三筋の滝」ともいわれます。滝の上のほうを見ていただくとわかるのですが、三つの流れが一つの滝となって落下しているのです。ところが、冬には水量が減って、二本になったりします。だから、ホースを使って流れを動かし、三筋になるようにしているのです。

いずれにせよ、三山とも参拝客がたくさん来るように大変な努力をしているのです。なぜなら、❖宗教法人といえども、自分たちで自立して食べていかなければならないからです。

川湯温泉の仙人風呂

熊野本宮大社とフータ＝田辺市本宮町で

❖**熊野三山**《くまのさんざん》　平安初期または中期まで熊野は「熊野坐《にます》神社」（本宮）と「熊野速玉大社」（新宮）の二社で、三山信仰は成立していなかった。那智に熊野夫須美《ふすみ》神《かみ》を分祀《ぶんし》して熊野那智大社ができて以降、三山制度が成立したと考えられている。「熊野三山」の最初の記述は、一〇八三年の『熊野本宮別当三綱大衆等解』にみられる。

❖**新宮市**《しんぐうし》　県の東南端、三重県との境を流れる熊野川の河口南岸に位置する。市名は熊野速玉《はやたま》大社の通称「新宮」による。千穂ケ峯《ちほがみね》の南東 神倉山《かんのくら》は熊野三所権現降臨の地とされる。江戸時代には城下町とし

昼間の仙人風呂＝田辺市本宮町の川湯温泉で

熊野は観光地で、温泉の多いところです。たくさんある温泉の中で、外せないのが、❖川湯温泉の「❖仙人風呂」です。

熊野本宮観光協会と地元の仙人風呂実行委員会が、同町内を流れる大塔川《おおとうがわ》の一部をせき止めて、冬の間、期間限定で開いています。夏場は水量が増えることや台風のせいで作れないそうです。

仙人風呂は横幅五〇メートル、奥行き一五メートル、深さ六〇センチメートルで、当初は「千人《せんにん》」もの人が入れるのではないかと、その名がつけられたといいます。そのうち、「一〇〇〇人目のお客にプレゼントを」なんてキャンペーンをやろうとしたところ、報道陣の中から「本当に一〇〇〇人数えたのか、どうやって数えたのだ」とあらぬ疑いが出始めたので、面倒になって、名前を「仙人」に変えたといいます。まあ、どちらでもいいのですが……。

川底からしみ出す温泉と川の清流を混ぜて、ほどよい温度にしてあり、年々人気が出ています。

安全祈願をする開湯式で、菊池博

て発展。三輪崎《みわさき》の捕鯨の漁法は九州・五島列島まで、鰹漁法は気仙沼（現・宮城県）や土佐・薩摩地方まで伝えられたという。江戸時代以来、たびたび火災や水害に見舞われている。とくに一九四四年には東南海地震、一九四六年には南海道大地震と、立て続けに大きな被害を被った。

❖三筋《さんすじ》の滝《たき》 滝の落下口の岩に切れ目があり、三本に分かれて落ちるので、「三筋の滝」と呼ばれるようになった。滋賀県甲賀市にその名もズバリの「三筋の滝」があるが、那智の滝の三筋は美しいことから、よく知られる。

❖宗教法人《しゅうきょうほうじん》 宗教法人法に基づいて法人格を付与された宗教団体。非営利団体であり、公益事業もできる公益法人の一つ。宗教団体としての格が上がるというわけではなく、不動産等を所有する権利主体となれるだけである。また、法人格を取得していなくとも、宗教活動を行うことは自由である。

❖川湯温泉《かわゆおんせん》 田辺市本宮町にある古い温泉。大塔《おおとう》川の左岸に湧き、旅館やレストランが並ぶ。湯はアルカリ性の単純泉。延宝《えんぽう》年間（一六七三〜一六八一年）常陸《ひたち》国（現・茨城県）水戸の碩学《せきがく》石井弥五兵衛が熊野三山に詣でたときの紀行『南限記』に登場し、川原に湧く温泉として「川湯」と称された。『紀伊続風土記《きいぞくふどき》』（紀州藩編纂《へんさん》の地誌）によれば、江戸時代中期頃から温泉宿が開かれていたと思われる。【田辺市本宮町川湯】

子観光協会長が「自然の恵みを自然の中でゆっくり味わってください」とあいさつ。招かれた地元のたんぽぽ保育園の園児二八人らが一番湯を楽しんでいました。

入浴は午前六時半から午後一〇時までで、無料というのはいいのですが、ペットの出入り禁止というのはいただけません。せっかく屋外にある温泉だし、温泉につからなくてもいいから、そばにいるぐらい構わないと思うのですが。きっとペットの嫌いな客がいるからとかいうのが理由でしょう。ならば、ペット用または、ペットと一緒に入れる温泉を隣に作ればいいのにと思います。仙人風呂だって、ブルドーザーで作っているのですから、もう一つ小さいのを作るのなんて、簡単だと思うのです。僕は温泉大好きですから。家でも風呂に入っているのです。気持ちよく感じるのは人間と同じなのです。よく、猿が温泉に入っている姿をテレビで見るでしょう。あれは、気持ちいいからなのです。犬が浴槽の中におしっこすると、衛生上問題があるからという反対論もあるでしょうが、それは犬のことを知らないです。犬は、お湯の中や布団の上ではおしっこをしません。そんなところでするのは、むしろ人間のほうです。犬の習性をもっと知ってほしい。動物の権利をもっと認めてほしいです。

犬が、頭にタオルをのせて温泉につかる写真なんて、インパクトあ

❖**仙人風呂《せんにんぶろ》** 水着を使っても使わなくともいい。湯に浸かるだけで、体は洗えない。洗いたい人は、そばに町営の温泉銭湯がある。オープンは一二月〜二月末日、入浴時間六時半〜二二時。入浴料、駐車場共に無料。男女別の簡易更衣室あり。

夜の仙人風呂＝田辺市本宮町の川湯温泉で

ると思いますよ。「ペットも入れる仙人風呂」なんてキャッチコピーを付けたら、きっと観光客が増えると思うのになあ。

仙人風呂は有名ですが、もう一つ、隠れた温泉を紹介しましょう。仙人風呂が一〇〇〇人入れるとすれば、その正反対に一家族三～四人しか入れない温泉です。おそらく日本一小さな温泉、または銭湯といえるのではないでしょうか。それは、「❖弘法湯温泉」。一・五メートル×〇・六メートルほどの木の風呂が二部屋にそれぞれあります。まるで、普通の家族風呂のよう。驚くのはまだ早いです。玄関を開けても、番台もなければ受付もありません。待合室に入ると、おばさんが炬燵《こたつ》に座っています。そこで入浴料四〇〇円を払い、なぜか住所・氏名を記帳する仕組みになっています。

入浴の順番を待つ人たちも炬燵に入り、テレビを見たり、思い思いにくつろいでいます。井戸端会議にも花が咲きます。僕もたたみの上で自由に遊べます。どこか近所の家にでも遊びに来ているようで、僕

家族風呂のような銭湯＝串本町で

❖**弘法湯温泉《こうぼうゆおんせん》** 穴場中の穴場。公衆浴場ではなく、和歌山県古座町の姫区（自治会）が地域住民の保養と語りの場、社会福祉の増進と健康の管理を図るために設置したコミュニティー浴場。観光客も利用できる。利用者同士のコミュニケーションをはかることが大切なので一定のルールがある。記帳もその一つ。【東牟婁郡串本町姫５７２ ☎０７３５の６２の０６５４】

仙人（？）に抱っこされるフータ＝仙人風呂で

の好きな空間です。ゆっくりしていると、おばさんが、「出前とってあげようか」なんて、声をかけてくれます。姫区の自治会が、地域住民の保護と語りの場をつくるために設置した温泉銭湯で、利用日は火・木・土・日曜の午後一時半から七時半までです。窓の外に大島が見え、波の音を聞きながらの入浴は、気持ちいいようです。残念ながら、犬は入れないですけどね。

✿日本で唯一の飛び地、北山村

周囲を三重県、奈良県に囲まれているのに、なぜかそこだけ和歌山県という村があります。北山村❖です。日本で唯一の飛び地の自治体として知られています。平成の大合併で、周囲の村がなくなったので、和歌山県で唯一の村でもあります。人口五〇〇人弱で、村の九七%が山林です。

　昔からこの辺りで木材を切り出し、北山川❖に流して本流の熊野川を通り、下流の新宮まで運びます。木材が新宮から江戸に販売されたことはお話ししました。新宮との結びつきが強く江戸時代には、紀州藩新宮領に属していました。廃藩置県で新宮が和歌山県に入ると、この村は新宮との結びつきの強さゆえに和歌山に入ることを望み、それが叶った結果、飛び地村ができたのです。北山川の筏師❖の技術は国内外で

弘法湯温泉の待合室。世間話の花が咲く＝串本町で

❖**北山村《きたやまむら》**　紀伊半島南部の山間部に位置する和歌山県東牟婁《むろ》郡の村。面積約五〇平方キロメートル。温泉もある。過疎の村なので、移住者は喜ばれる。村民になれば、中学生の修学旅行は海外だ。村が負担

北山村のそばに北山川が流れる

も有名で、命がけで材木を新宮港まで運ぶ筏師は非常に高収入だったといわれています。しかし、新宮で豪遊したため資産の蓄えはあまりなかったともいわれています。

ダムが建設され、筏師は姿を消しましたが、一九七九年に「北山川❖観光筏下り」として筏流しが復活しています。

筏下りのシーズンは夏で、休日には大勢の観光客でにぎわっています。筏はスギ材で、幅約二メートル、長さ約三〇メートル。乗客はライフジャケットを着用し、手すりにつかまったり、座席に座って、約五・五キロメートルの急流を一時間かけて、スリルと大自然のすがすがしさをたっぷり楽しむのです。運航期間は五月～九月の週末と祝日。七、八月は、木曜以外毎日。完全予約制です。

北山村の特産といえば、なんといってもじゃばら❖です。じゃばらはユズ❖やカボス❖のような高酸柑橘で、世界でも北山村でしか生産されていないと言われています。ウィキペディ

してくれる。

❖**北山川《きたやまがわ》** 北山村を流れる熊野川水系の支流で、大台《おおだい》ケ原《がはら》が源流域。急流によって削られた渓谷が瀞峡《どろきょう》と呼ばれ、下流部の瀞八丁《どろはっちょう》は国の特別名勝・天然記念物となっている。

❖**筏師《いかだし》** 山で切り出した材木で筏を組み、河川で筏下しをすることによって運搬に従事することを業としていた者。昭和に入るとトラック輸送の発達やダム建設による河道の堰《せ》き止めなどがあって業務が困難となり、戦後は筏師の活動がみられなくなった。

❖**北山川観光筏下《きたやまがわかんこういかだくだ》り** 【☎0735の49の2324】

❖**じゃばら** 北山村原産。「邪《じゃ》を祓《はら》う」ということから命名され、当地では、昔から正月料理に出されていた。今は、村おこしのために活用され、ワインやジャムなどに加工されている。

❖**ユズ** 「柚子」と書く。柑橘類の一種でミカン科の常緑樹。果実は比較的大きく、果皮の表面はでこぼこしている。日本は最大の消費・生産国。日本では東北以南で広く栽培されている。調味料・香辛料・薬味や、砂糖漬け・ハチミツ漬けなどに使われる。

❖**カボス** 「臭橙」「香母酢」と書くこともあるが、名前の由来は明らかでない。ミカン科の常緑広葉樹。ユズの近縁種で、枝には鋭い刺がある。果実は緑色のうちに収穫するが、熟すと黄色くなる。薬味のほか、調味料・ジュース・清涼飲料水・氷菓・スナック菓子・和菓子・洋菓子・酒類等の加工品でも使われている。

じゃばらの上のフータ＝北山村で

アによると、「平成13年1月に楽天市場に出店。出店後、かねてから噂のあった『じゃばらが花粉症に効く』ことを検証するため、ネット上で花粉症効用調査1000人モニターを実施。数日で10000人を超えるモニターの申し込みがあった。このモニター調査の結果で47パーセントの人から効果があったと報告があり、じゃばらの需要が伸びるきっかけとなった。花粉症効果で平成12年度まで2500万円前後の年間売上が、平成13年度で5000万円、平成14年度で1億円、平成17年度には2億2000万円と2億円を突破し、村の基幹産業として成長を遂げている」と記してあります。小さな村だけど、よくがんばっています。

秋には、「じゃばらの里の収穫祭」（同村青年部主催）が、同村おくとろ公園❖で開かれ、来場者でにぎわいます。じゃばらをもっと知ってもらおうと始めたもので、例年しし鍋が無料で食べられるので人気です。僕も一口もらいましたが、美味しくて、体が温まりました。

しし鍋も熊野の名物といえる＝北山村で

❖**おくとろ公園《こうえん》**　オートキャンプ場、バンガロー、キャンプ場などの宿泊施設のほか、焼き肉ハウスや温泉もある。【東牟婁郡北山村下尾井】

❖**大辺路《おおへち》**　和歌山県田辺市から那智勝浦町を結ぶ、紀伊半島南部の海辺の参詣道。熊野古道の中では比較的新しいルート。かなりの部分が国道や市街地と重複しており、旧い状態を残している道はかぎられている。

❖**中辺路《なかへち》**　和歌山県田辺市から熊野本宮大社、熊野速玉大社、熊野那智大社に至る山岳路。紀伊路が、京都から南下して和歌山、田辺を通って本宮に向かうルートだったが、そのうち、田辺からの後半が「中辺路」と呼ばれるようになった。平安から鎌倉時代にかけて、皇族貴族が一〇〇回以上もくり返した「熊野御幸」で、中辺路が公式参詣道となった。

❖**小辺路《こへち》**　高野山（和歌山県伊都《いと》郡高野《こうや》町）と熊野本宮大社を南北に結ぶ参詣道。最短距離約七〇キロ

❖ 熊野古道

熊野古道は、大きく五つあります。「大辺路」「中辺路」「小辺路」「紀伊路」「伊勢路」です。あまりにも有名なので、ここではそんなには書きません。というより、逸夫があまり山歩きが好きでないのです。僕は大好きなのですが。逸夫に言わせると、熊野古道は、入り口と出口が離れているので、戻って来るのが大変なのだそうです。出口で誰かが車で待っていてくれたり、バスで元の場所に戻れればいいのですが、なかなか難しいそうなのです。つまり、観光としてまだ十分整備されていないのでしょう。団体客なら、出口にバスが先回りすることが可能なのでしょうが、個人で行くとなると、帰りの問題があるので、どうしてもおっくうになるそうです。

いつだったか、逸夫が、新宮市内にある熊野古道「高野坂」から電車で新宮駅に帰るのに、新宮駅の隣の紀伊佐野《きいさの》駅で一時間も待たされたと文句タラタラでした。高野坂までは新宮市内からタクシーで約一五分ですが、地元のタクシー会社がつぶれていたのです。

紀伊路の一部には、熊野古道の中でも珍しい川舟下りのルートがあります。

川舟下りの歴史は古く、熊野信仰の始まった平安時代にさかのぼり

メートルで、歩くのには最も厳しいルート。小辺路の石畳は、大阪商人の寄付によるものと、通行する旅人から集めて整えたものとがあったという。

❖ **紀伊路《きいじ》**　畿内と熊野三山を結ぶ参詣道。紀伊半島の西側海岸近くを南北に伸びるルート。困難な道だったが、古くからよく使われたという。

❖ **伊勢路《いせじ》**　伊勢神宮（三重県伊勢市。神社本庁の本《ほん》宗《そう》）から熊野三山を結ぶ参詣道。本来、伊勢神宮に参詣するための参宮街道をすべて「伊勢路」と呼ぶ。江戸時代に「お伊勢参り」が流行したため、熊野へ行くというよりも、熊野から伊勢神宮に行くという意味を込めた伊勢路。「熊野街道」という言い方もある。

❖ **高野坂《こやのざか》**　新宮市内に現存する唯一の熊野古道。熊野本宮大社から熊野速玉大社を通り、そこから那智山へ向かうルートの一部で、平安時代後期にできた。一時間ぐらいの手軽な山歩きコースで、海を眺められるのがいい。

❖ **川舟下《かわぶねくだ》り**　熊野古道の一つに、熊野本宮大社に詣でた後、川舟で熊野速玉大社をめざすルートがあった。その川の参詣道が二〇〇五年に復活した。三月から一一月の間、道の駅「瀞峡《とろきょう》街道熊野川」下の川原から熊野速玉大社横の川原までの一六キロメートルを下る川舟が運航されている。語り部も同乗してガイドしてくれる。料金は、大人三九〇〇円、小学生二〇〇〇円。熊野川川舟センターへ予約が必要。【☎０７３５の４４の０９８７】

優雅な川舟下りルート＝熊野川で

ます。極楽浄土に往生を願う❖浄土信仰の普及とともに熊野詣が盛んになります。神秘的な自然を残す熊野が浄土と見なされたからです。❖院政期の上皇が頻繁に訪れたので、さらに有名になりました。

熊野への道は京都から始まり、大阪、堺などを通り、熊野本宮大社に向かいます。熊野本宮大社から熊野川を川舟で下り、熊野速玉大社に入るのがそのルートです。参拝以上に❖精進潔斎しながらの道中が大切とされました。熊野詣は生きながらに死に、浄土に生まれ変わることといわれています。

毎年夏になると、この川舟下りが本格的にスタートします。熊野川川舟センターが取り仕切っています。平安衣装を着て川舟下りをしたりすると、いかにも優雅です。

あげいん熊野詣

熊野古道を平安行列で歩く「❖あげいん熊野詣」というイベントが、

熊野詣を彷彿とさせる平安衣装＝新宮市で

❖**浄土信仰**《じょうどしんこう》 元来、「浄土」とは仏教で仏や菩薩の住む世界をいう。日本では平安中期以降の浄土教の流行に伴い、「浄土」と言えば一般に阿弥陀如来の極楽世界をさし、浄土信仰は阿弥陀如来を信仰の対象にするものをいうようになった。

❖**院政**《いんせい》 譲位した天皇である上皇または出家した上皇である法皇が、院庁《いんのちょう》において実質的に国政を領導する政治形態。平安前期の宇多《うだ》上皇の時代にみられるが、本格的に展開したのは一〇八六年の白河《しらかわ》上皇の院政開始に始まる。以後、鳥羽《とば》・後白河と三代の院政が続き、法にとらわれない専制的政治が定着した。

あげいん熊野詣＝那智勝浦町で

那智勝浦町の那智山で毎年一〇月に行われています。平安時代に那智山へ参拝した後白河法皇の御幸行列を再現したもので、那智勝浦町観光協会主催です。

尼や❖女房などに扮した約一〇〇人が一般参加し、熊野那智大社の神職や巫女、山伏などを含めると約一三〇人の平安行列となります。だれでも時代衣装を身にまとって参加できるとあって人気が高いのです。

❖大門坂駐車場で行われた出発式では、寺本真一《てらもとしんいち》町長が「那智大社まで、熊野古道の美しさを噛みしめながら歩き、その後は温泉で汗を流し、おいしいマグロを食べて楽しんでください」とあいさつしました。

行列は大門坂を通り、同大社、那智の滝に至る古道を歩きます。途中、那智山青岸渡寺《なちやませいがんとじ》で大❖護摩祈祷も行われます。

この取材をしているとき、地元の着付け教室や貸衣装屋をやっている「萩野きもの学院」の校長にお会いし

❖**精進潔斎《しょうじんけっさい》**　法会《ほうえ》・神事などの前に身の穢《けが》れを清め、肉食を断ち、行いを慎んで清浄を保つことをいう。「精進」は仏教用語で梵語「ヴィーリヤ」の漢訳。

❖**あげいん熊野詣《くまのもうで》**　平安・鎌倉時代の熊野詣の行列を再現したイベントで、一〇月の第四日曜日に那智山で開かれる。武家の子女が愛用した壺装束《つぼしょうぞく》などを着て、一般の人も参加できる。問い合わせは、那智勝浦町観光協会へ。【☎０７３５の５２の５３１１】

❖**女房《にょうぼう》**　平安時代から江戸時代頃までの貴族社会において、皇族など身分の高い人々に仕えた奥向きの側仕えの女性。自分用の部屋を与えられ、家事労働や雑務はしない。女房の名称は、彼女らにあてがわれた専用の部屋に由来する。場合によっては、乳母、幼児や女子の主人に対する家庭教師、男子の主人に対する内々の秘書などの役割を果たした。

❖**大門坂《だいもんざか》**　熊野古道の中辺路《なかへじ》の一部。樹齢一〇〇年の杉林の中に石畳の坂道が伸び、坂を上ると熊野那智大社や那智の滝、青岸渡寺《せいがんとじ》があるので、人気スポット。入り口に大きな門があり、かつては通行税を徴収していたことから、その名がつけられた。

❖**護摩《ごま》**　仏教用語。梵語「ホーマ」の音写で、「梵《ふん》焼《しょう》」「火祭祀法《しほう》」などと漢訳。智慧《ちえ》（物事をありのままに把握し、真理を見極める認識力）の火で迷いの薪を焼くことを意味し、同時に供物を焼いた火炎・煙を天上界に捧げる意味がある。インドで火神を供養したのをとり入れたもの。

無量寺の虎図＝串本町で

ました。そのとき僕は「報道犬」と書いた衣装を着ていたのですが、校長は、「あら、いいお洋服着ているわね。今度平安衣装を作ってあげるから」と言うのです。冗談だと思ったら、校長は本当に作ってくれました。

男女用両方作ってくれました。さすがに上手なできばえなのですが、僕はあくまでもオスですから、女性用は抵抗があります。恥ずかしいです。

✿虎図

串本町は、海が美しいのでダイビング❖がさかんです。そのほかにも、大島や橋杭岩、水族館のある串本海中公園や海水浴場もあり、観光の町であります。ちょっと変わったものでは、無量寺❖に不思議な虎の絵があります。国の重要文化財、長沢蘆雪❖作「虎図」です。蘆雪は江戸時代の絵師で、自由奔放な性格や画風から「奇想の画家」などと評さ

❖**ダイビング**　スキンダイビングとスクーバダイビングの二つがある。スクーバは、空気を入れたタンクを使って水に潜る方法で、スキンは、タンクなしで、息をこらえて潜る方法。串本の海は透明度が高く、生物の種類が豊富なので人気がある。

❖**無量寺《むりょうじ》**　串本の町の狭い通りの一角にある禅寺。錦江山と号し、臨済宗東福寺派。本尊は釈迦如来《しゃかにょらい》。一七〇七年に津波で建物が流され、一七八六年に現在の地に再建された。円山応挙や長沢蘆雪の作品を中心に、室町、桃山、江戸時代の絵画九六点を展示している。展示は年中無休だが、襖絵《ふすまえ》は国の重要文化財なので、天気の悪い日は見られないという。【東牟婁郡串本町串本８３３　☎０７３５の６２の６６７０】

❖**長沢蘆雪《ながさわろせつ》**　一七五四〜一七九九年。江戸中期の画家。山城（現在の京都府）淀藩の下級武士の家に生まれる。当初の作品は「東山名所図」（個人蔵）でみられるように割合おとなしいものが多かったが、やがて独自の個性を開花させていった。「虎図」のほか「朝顔図」（草堂寺《そうどうじ》【西牟婁郡白浜町富田《とんだ》１２２０の１　☎０７３９の４５の０００４】）、「群雀図《ぐんじゃくず》」（成就寺《じょうじゅうじ》【東牟婁郡串本町西向３９６　☎０７３５の７２の０７５４】）などの襖絵を制作、巧みな筆さばきと奇抜な構想を用いて描いた鳥獣に特色を発揮した。晩年には内面的深化を示すようになり、「山姥図額」（厳島神社《いつくしまじんじゃ》蔵（広島県））などに実を結んだ。

れています。

「虎図」は躍動感にあふれています。しかし、虎にしてはかわいいのです。その秘密は、襖《ふすま》の裏面にあるといわれています。裏に回ると、魚を狙っている猫の絵が描かれていたのです。虎は、実は魚から見た猫ではないか、という解釈があるのです。蘆雪の号は「魚」。そのことが、より同説に信憑《しんぴょう》性を与えています。蘆雪は、同寺の落成にあたり、師匠の円山応挙❖より遣わされました。南紀がよほど気に入ったようで、串本町に多くの作品を残しているそうです。

同寺の八田尚彦《はちだしょうげん》住職は「この絵の前にいると、虎が動いているようでゾクゾクします」と言います。同寺で公開しています。一見の価値がありますよ。

襖の裏には、猫と魚の絵が＝串本町の無量寺で

串本の海もきれいだ。向こうに大島が見える

❖**円山応挙《まるやまおうきょ》**　一七三三〜一七九五年。江戸時代中期の絵師。近現代の京都画壇にまでその系統が続く「円山派」の祖であり、写生を重視した親しみやすい画風が特色。「足のない幽霊」を描き始めた画家とも言われている。

COLUMN

温泉

〈逸夫による解説〉

第六章でフータが紹介した「弘法湯温泉」は、私の大好きな場所の一つだ。すぐに住民にとけ込めるので、心身ともに温まる場所。宿泊はできないが、五〇〇〇円出せば一日貸し切りもできる。タオルは持参したほうがいいが、なければ使い古したのを貸してくれる。

私は、市町村の観光課に「ペット用の温泉を」「ペットに熊野古道を歩かせよう」とことあるごとに提案したが、なかなか実行されない。そんなふうにすぐに反応しない、おっとりしたところが熊野なのかもしれない。川湯温泉、湯の峰温泉、北山村、串本町、那智勝浦町、新宮市、太地町と、温泉がたくさんあるのに、ペットが入れるところがないのは残念。

ペットの泊まれる宿はかろうじて三つある。太地町のホテル「ドルフィンリゾート」と川湯温泉の民宿「大村屋」、そして新宮市のペンション「暖炉」。ドルフィンリゾートには泊まったことがあるが、これは立派。部屋でペットと一

ホテル「ドルフィンリゾート」には、イルカと遊べるスペースがある＝太地町で

緒に寝ることもできる。食事のときは、ペットを部屋に設置されたケージの中に入れてレストランに行かなければならないが、それぐらいはがまんできる。

私は、冬は毎晩のように温泉に行った。一番通ったのが新宮市の「雲取温泉」。露天風呂もある。市営なので安く一回四〇〇円。六枚の回数券を買うと、一回三五〇円という計算になる。那智勝浦町の銭湯「はまゆ」も温泉で三二〇円と安い。弱アルカリ性の温泉で、中に入ると硫黄の臭いがツンと鼻をつく。タイル張りの湯船はゆったりし、湯の色はグリーン。周囲は総板張りで、落ち着いたムード。創業五〇年のいい味も出している。温泉で一番印象に残っているのが、有名な同町の「ホテル浦島」。ここは泊まらなくとも入浴できるが、入浴料は一〇〇〇円。一四ある温泉をいくつ入ってもいい。でも、一つ一つが離れていて、着替えないと移動できない。私は一晩で三つ入ったが、それで十分。とくに、一番人気の洞窟風呂は、荒波がすぐそばに見えて迫力があった（以上、料金はすべて二〇一一年当時）。

ペンション「暖炉」の中＝新宮市三輪崎で

❖**「ドルフィンリゾート」** ペットと一緒に泊まれるリゾート施設。いつでもイルカを見ることができるし、一緒に泳ぐこともできる。内装も外装も美しく、快適なホテル。【東牟婁郡太地町森浦７０３の１５（町の入口、森浦湾そば）☎０７３５の５９の３６８０】

❖**「大村屋《おおむらや》」** 犬も一緒に泊まれる温泉民宿。「ワンちゃん御膳」など、犬用の食事も用意できる。ＪＲ紀勢本線紀伊田辺駅下車。龍神バスで川湯温泉下車。【田辺市本宮町川湯温泉１４０６の１ ☎０７３５の４２の１０６６】

那智勝浦町の銭湯「はまゆ」

❖「暖炉《だんろ》」　安くて手頃な民宿。薬草風呂がある。市街地から少し離れているので、車での利用者が便利。朝食は五〇〇円。夕食は一〇〇〇円（二〇一二年時）。素泊まりも可能。インターネットのラインは共用。【新宮市三輪崎８４５の１　☎０７３５の３１の３０９７】

❖「雲取温泉《くもとりおんせん》」　新宮市内のゲルマニウムを含んだ天然温泉。市が運営しているので安い。宿泊施設もあり、合宿などには最高。露天風呂もあるが、二〇メートルほど離れている。【新宮市高田１８１０　☎０７３５の２９の０３２１】

❖「はまゆ」　弱アルカリ性低帳性高温泉の天然温泉公衆浴場。入浴料大人三二〇円（二〇一二年時）。営業時間午後一時〜午後一〇時。元町長が経営していた。【東牟婁郡那智勝浦町大勝浦９７０　☎０７３５の５２の１２０１】

❖「ホテル浦島《うらしま》」　那智勝浦町で最も大きなホテル。港の目の前の島全部がホテルで、通常約五分間船に揺られてホテルに到着する。洞窟温泉など六つの温泉がある。山の上につながる長いエスカレーターもほかでは見られない光景。【東牟婁郡那智勝浦町１１６５の２　☎０７３５の５２の１０１１】

「ホテル浦島」には、こんなエスカレーターが。おそらく日本一長い＝那智勝浦町で

第七章　日本の秘境と黒潮文化

日本の秘境

熊野は、〝日本の秘境〟といわれたりします。何しろ新宮市は、東京から最も遠い「市」です。車だと八、九時間かかります。電車だと名古屋から特急で三時間以上かかります。それも本数が少なく、五時間待ちだったりします。実際、逸夫と僕が東京に帰るとき、携帯電話を忘れて予定が狂い、次の電車を待ったことがあります。僕は、今どき五時間も待たされ、頭にきました。

秘境といえば、チベット❖を思い浮かべますが、チベットは鳥葬があることで知られています。葬式で、遺体を鳥に食べさせるのです。鳥が神様のいる天上に魂を運んでくれると信じられているからです。熊野が日本のチベットのようだと思っていたら、本当に、熊野にも鳥葬の習慣があったらしいのです。こちらでは、鳥だけでなく、獣や魚に

❖**チベット**　「チベット」は周辺諸国が古くから用いて来た呼称に由来する。チベット人自身は「プー(bod)」(チベット語)と称する。中国四川省の西、インドの北、パミール高原の東に位置する高原地帯。一八世紀後半まで外来勢力の支配は名目だけで、ラマ教(チベット仏教)中心の政教一致体制が続けられてきたが、二〇世紀に入りイギリスの支配を受けた。第二次世界大戦後には中華人民共和国が掌握し一九六五年にチベット自治区としたが、中国の支配に対するチベット独立運動が続いている。

渡海した人の墓もある＝那智勝浦町の補陀洛山寺で

も遺体を食べさせていたので「風葬」といいます。奈良のほうでは山の中に遺体を放置し、鳥や獣に食べさせたといわれています。新宮市や那智勝浦町などでは、海に遺体を沈めたといわれています。

確証できるものは残っていないのですが、感じさせる事象はたくさんあります。まず、海辺にはたくさん祠《ほこら》があります。遺体が流れ着いたところに祠を建てて祀ったからだそうです。昔の人は死体を神様だと考えたようです。風葬を思わせる地名も残っています。たとえば、太地町には「浄土」「仏島」、那智勝浦町には「地獄」「地獄浜」などの地名が残っています。それから、有名なところでは、補陀洛山寺があります。那智勝浦町にある小さなお寺ですが、世界遺産に登録されています。ここは「補陀洛渡海」で知られる寺です。

補陀洛渡海とは、南の海上に観音菩薩の住処《すみか》である補陀洛が存在し、これをめざして船出すると極楽浄土に行けるとされています。いうな

❖**遺体《いたい》を放置《ほうち》**　実際には鳥獣が食べることになるが、自然風化を願ってのことである。

❖**補陀洛山寺《ふだらくさんじ》**　「補陀洛」とは梵語の観音浄土を意味する「ポータラカ」の音訳。那智の浜のそばにある天台宗の小さな寺だが、二〇〇四年に「紀伊山地の霊場と参詣道」の一部として世界遺産に登録された。本尊は平安後期の作といわれ十一面千手観音で、重要文化財に指定されている。補陀洛とは観音菩薩の住まう浄土のことをいう。【東牟婁郡那智勝浦町大字浜の宮３４８】

❖**補陀洛渡海《ふだらくとかい》**　日本の中世に行われた捨身行。記録

れば、自殺のようなものです。その船は渡海船❖と呼ばれています。船上に造られた屋形には扉がありません。人が入ると、出入り口に板がはめこまれ、外から釘が打たれて固定されるからです。屋形の四方には四つの鳥居が建っています。これは「発心門」「修行門」「菩提門」「涅槃門《ねはん》」の死出の四門を表しているとされています。仏教なのに鳥居があるのは、神仏習合のためです。

渡海は旧暦の一一月に行われたそうです。渡海船は伴船で沖に連れていかれ、綱切島❖の近くで綱を切られました。船は、沈むまで漂流します。沈む前に渡海者が餓死・衰弱死した例も多かったそうです。

しかし、人間って、なんて残酷なことをするんでしょう。海の向こうに観音様がいるとか、極楽浄土に行けるとか、よくそんな子どもだましを信じられるものですね。それも、よく勉強して教養を身につけたお坊さんが船に乗って行ったのですよ。

補陀洛山寺では春になると、春まつり❖護摩祈祷と渡海上人の追善供養

復元された渡海船＝那智勝浦町で

に残っているだけでも、室戸《むろと》岬、足摺《あしずり》岬（どちらも高知県）などの各地で四〇件を超える補陀洛渡海が行われているが、そのうち二五件が補陀洛山寺から出ている。江戸時代には死者を乗せて水葬するという形に変わった。

❖**観音菩薩《かんのんぼさつ》**　梵語で「アヴァローキテーシュヴァラ」。日本で古代より広く信仰を集めている尊格である。「観世音《かんぜおん》菩薩」「観自在《かんじざい》菩薩」「救世《ぐぜ》菩薩」などともいう。一般的には「観音さま」とも呼ばれる。世間の苦の音声を観じとって救ってくれる菩薩。勢至《せいし》菩薩とともに阿弥陀仏の脇侍《わきじ》（仏像や仏教絵画において、中尊（中央に位置し、信仰の中心となる仏）の左右に控える）である。

❖**渡海船《とかいせん》**　補陀洛渡海で使われる船のこと。和船の上に人が入れる箱を設置し、四方に四つの鳥居が飾られている。箱に行者が入り、壊れないかぎり出られない。綱が切られた後は、漂流するだけとなる。

❖**綱切島《つなきりじま》**　浜ノ宮の東方海上約三・六キロにある島。補陀洛渡海の船がここで綱を切られたことからその名が付けられた。平維盛《たいらのこれもり》（平安時代末期の平家一門の武将。平清盛《きよもり》の孫）が入水した場所ともいわれている。

❖**春《はる》まつり護摩祈祷《ごまきとう》**【東牟婁郡那智勝浦町勝浦】　一足早い節分行事。本尊の十一面千手観音立像を開帳し、豆まきや護摩をたき、家内安全、商売繁盛などを祈願する。

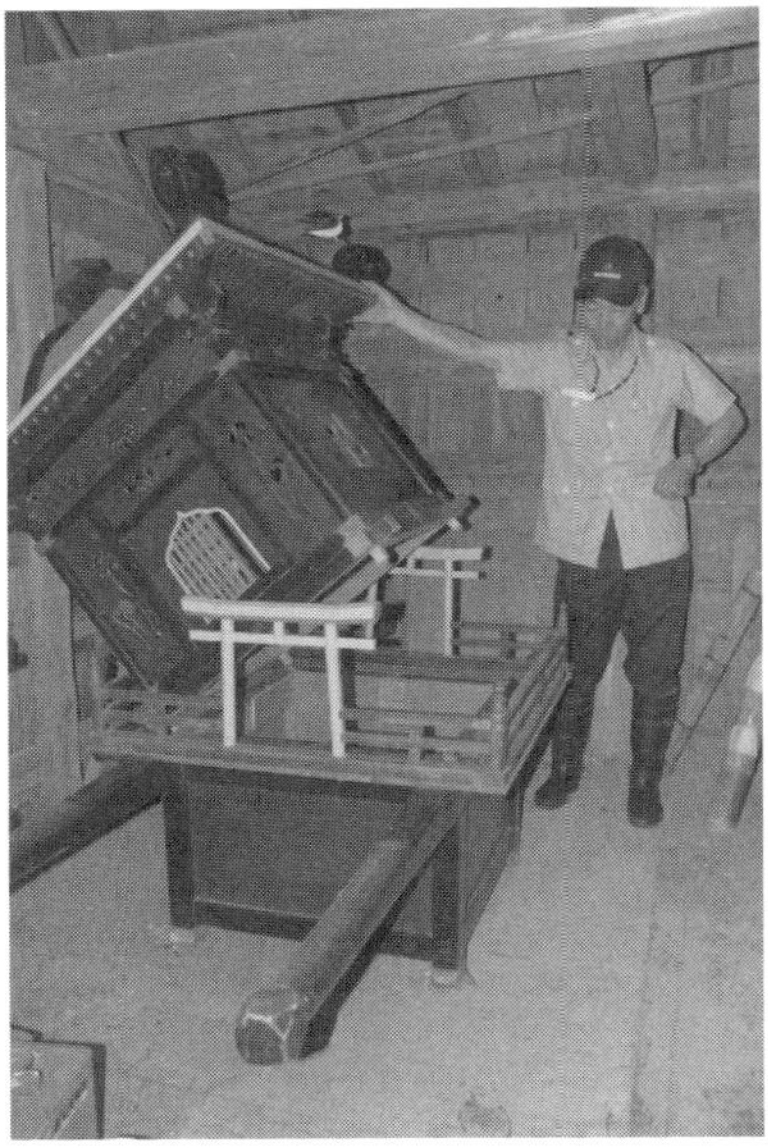

葬式に使ったみこし＝那智勝浦町高津気で

が行われています。高木亮享住職が、御開帳された千手観音立像の前で読経した後、護摩をたきます。参列者は「健康長寿」「入学祈願」などと書いた護摩木を火に入れ、手を合わせていました。

護摩祈祷が終わると、二人の僧侶らが裏山の渡海上人の供養塔前でもお祈りしていました。

もう一つ、奇妙だと思ったことがあります。那智勝浦町の高津気❖で見かけたみこし。祭りのみこしだと思ったら、葬式のものでした。お寺の倉庫に保管され、三四年前まで使われていたといいます。上部を開けると、中は棺を納めるようになっています。当時は土葬で、円筒状の棺に、ひざをかかえるようにして死者を入れたそうです。それを抱えて墓地まで運んだのです。装飾の鳥居や鳥飾りなど、どこかお祝い気分が漂っているところは、補陀洛山寺に伝わる渡海船と似ています。昔の人は、死を悲しむというより、お祝い事と見立てていたのかもしれません。本気で来世があると信じていたとしか思えません。

補陀洛山寺の護摩祈祷＝那智勝浦町で

❖**千手観音《せんじゅかんのん》**　千本の腕があり、その掌《てのひら》におのおの眼があるというので、「千手千眼《せんげん》観音」とか「千臂《ぴ》千眼観音」ともいう。千の慈手、千の慈眼で衆生《しゅじょう》を救済する観音。延命・滅罪・除病の功徳《くどく》がある。

❖**高津気《こうづけ》**　那智勝浦町にある人里離れた小さな集落。

❖**神明神社《しんめいじんじゃ》**　一六九二年に創建。山の入り口にあり、

さなぶり祭「幣」を立てに向かう神職ら＝那智勝浦町高津気

ともかくも、風葬にしても補陀洛渡海にしても、土葬のみこしにしても、一連の勝浦の葬儀の歴史は同じ線上にあるような気がします。

葬式とは違いますが、高津気には奇祭が残っています。

六月の下旬に神明神社で行われる「さなぶり祭」です。五穀豊穣と害虫予防、夏に向けての健康を祈願します。神社の前には、半年間の汚れを落とす茅の輪が設けられ、地域の参加者約五〇人がそこをくぐって参拝します。

夏負けを防ぐといわれるヨシを使ったちまき作りを楽しんだ後、神殿に「幣《へい》」と呼ばれる札を付けた竹を一一本供え、神事を行うのです。幣は、昔から豊作と虫よけに効果を表すと信じられ、区長らによって各地区の道端に立てられます。素朴だけど、本気でやっているところが凄いです。

巨岩を祀っている。岩の下に、高津気の開祖といわれる桂左エ門の石像を安置している。

❖**さなぶり祭《さい》**　忙しい田植えが終わって一息つく楽しい行事。田の神様へお供え物をし、手伝ってくれた人々を招待して祝う。

❖**茅《ち》の輪《わ》**　茅《ちがや》（イネ科の多年草）で作られた大きな輪。一月から六月までの半年間の罪と汚れを祓う「夏越しの大祓式」に使用される。それをくぐることで清められる。

❖**ヨシ**　「アシ」（葦、芦、蘆、葭）ともいう。イネ科ヨシ属の多年草。「ヨシ」という和名は、「アシ」が「悪し」に通じるのを忌んで、逆の意味の「良し」と言い替えたのが定着したものであるが、関東では「アシ」、関西では「ヨシ」が一般的。温帯から熱帯にかけての湿地帯に分布。軽くて丈夫なので、すだれや茅葺《かやぶ》き屋根などにも利用される。ヨシ原は自然浄化作用を持ち、多くの生物のよりどころとなっているが、近年浅い水辺の埋め立てや河川改修などにより失われ、その面積を大きく減らしている。

❖**ちまき**　端午の節句に食べる米粉・葛粉などで作った餅。もともと茅《ちがや》の葉で巻いたことからこの名がついた。笹や真菰《まこも》などの葉で巻き、い草で縛って蒸す。中国にもあり、戦国時代に投身して死んだ屈《くつ》原《げん》の命日の五月五日に、姉がこれを川に投じて竜神に捧げたとの伝説がある。日本でも精霊に供える地方がある。

黒潮文化圏の普天間と熊野

「黒潮文化圏」とよくいわれますが、黒潮は、フィリピンの海上で誕生し、台湾、沖縄を通過して、高知、紀伊半島、八丈島、千葉の房総半島にまで北上する世界最大の海流です。暖流なので水温が高く、プランクトンが少ないので透明度が高くなり、黒く見えるのです。

船で黒潮の所まで行ったことがありますが、勝浦港から一時間以上かかりました。船に乗るのは苦手だから、僕はちょっと怖かったのですが、途中、イルカやウミガメがいて、楽しめました。退屈ではなかったのですが、揺れは大嫌いで、やっぱり少し酔ってしまいました。犬は、人間よりも平衡感覚をつかさどる三半規管が弱いようです。

黒潮の流れは、日によっては、はっきりと境界線が見えるらしいのですが、僕が行ったときは、よくわかりませんでした。でも、船頭さんが、「黒潮に入るよ」と教えてくれるのです。どうしてわかるかというと、水温です。舵をとる操縦室に水温計がありました。見ていると、みるみる目盛りが下がりました。三度は違うようでした。

黒潮は、魚を大漁に運んできてくれるようなイメージがありますが、プランクトンが少ないので魚はそんなに多くありません。なぜプランクトンが少ないかというと、南方には珊瑚礁が多いからです。珊瑚は、

❖**フィリピン**　正式名称は「フィリピン共和国」。住民はマレー系をはじめとする多民族国家。首都マニラ。国名は一六世紀のスペイン皇太子フェリペにちなんでいる。アメリカの植民地であったこともあり英語が普及しているが、政府はナショナリズムの高まりとともにタガログ語を基本としたフィリピン語を作り、普及に務めてきた。

❖**台湾《たいわん》**　一九四五年の日本の敗戦後、中華民国軍が進駐、同年一〇月二五日以後は中華民国政府が実効支配。一九四九年中華人民共和国成立に伴い、瓦解した国民党が政府機能を台湾に移転した。一九七一年に国際連合で中華人民共和国が「中国」の代表権を取得してからは多くの国が中華人民共和国を「正統な中国政府」として承認したが、それ以降も民主主義国家である中華民国との非公式な関係維持を望むアメリカ合衆国や日本などの多くの国では、中華民国が実効支配している地域を中華人民共和国の統治地域とは別個の「地域」と判断して、「台湾」という地域名称で呼称している。

❖**沖縄《おきなわ》**　歴史的には明治時代の琉球処分（一八七二年）まで、日清両属の琉球王国であった。そのため、ほかの都道府県とは異なる文化・習俗が根付いており、これらを活かした観光産業が盛ん。日本の敗戦後、一九七二年までアメリカ軍の施政権下にあり、現在

きれいな海でないと育ちません。海がきれいだということは、プランクトンが少ないのです。したがって、魚も少ないのです。

でも、漁師さんは黒潮のほうまで行って漁をします。それは、黒潮で漁をするわけではなく、黒潮と普通の海の境に魚が集まってくるからだそうです。黒潮が壁のような役割を果たしているのだと思います。

黒潮の流れは早く、海の高速道路のようなものです。熊野から八丈島まで、二泊三日で流れ着くそうです。昔の人は、陸上で移動するより船で移動するほうが、はるかに早かったと思います。だから、文化が伝わるのでしょう。

では、どんな文化が共通しているでしょうか。

第一章で紹介した自然崇拝は、熊野も沖縄と共通しています。それから、先ほど紹介した那智勝浦町の補陀洛渡海も、沖縄や❖奄美群島に同じようなものがあります。❖「ニライカナイ」という考え方です。ニライカナイは、遥《はる》か遠い海の彼方、または海の底、地の底にあるとされる異界のことで、豊穣や生命の源であり、神界でもあります。年初にはニライカナイから神がやってきて豊穣をもたらし、年末にまた帰るとされています。

次の項目で説明する「若衆宿」もそうですね。❖西郷隆盛ら明治のリーダーたちが受けた鹿児島（島津藩）の❖郷中教育にも似た匂いを感じ

も多くのアメリカ軍基地が存在している。

❖**八丈島《はちじょうじま》** 東京の南方海上二八七キロに浮かぶ伊豆諸島の島。富士火山帯に属する火山島。縄文時代から人が住むが、江戸時代には、流民の島として知られた。現在は観光が重要産業。

❖**三半規管《さんはんきかん》** 平衡感覚（回転加速度）を司る器官であり、内耳の前庭につながっている、半円形をしたチューブ状の三つの半規管の総称。名前はその形状と数に由来する。ヒトを含む脊索動物のほとんどが半規管を三つ持っているため三半規管と呼ばれる。

❖**珊瑚礁《さんごしょう》** 造礁珊瑚（石灰質の大規模な骨格を形成する）の群落によって作られた地形の一つ。熱帯の外洋に面した海岸によく発達する。宮古島（沖縄県）や沖永良部《おきのえらぶ》島（鹿児島県）などは珊瑚礁が隆起や海面降下により島となった。近年、陸上の土壌が流れ込んだり海の富栄養化による白化、オニヒトデによる食害などで危機に直面している。

❖**奄美群島《あまみぐんとう》** 南西諸島のうち薩南諸島南部にある島《とう》嶼《しょ》群である。鹿児島県の南部、大島郡にあたる。「奄美群島」が正式名称であるが、「奄美諸島」が用いられることもある。気候は全体が亜熱帯に属し、珍しい生き物も多数生息する。

❖**ニライカナイ** 神の在所であり、そこからさまざまな豊穣がもたらされるという観念、理想郷としての観念だけでなく、ときには悪しきもの、災いをもたらすものの住むところという伝承もある。

ますね。クンクン。それから、沖縄基地問題で騒がれている普天間も共通しています。実は、普天間と熊野は深い因縁があります。アメリカ軍普天間基地の北側にある普天満宮は熊野神社の流れをくんでいるからです。

沖縄には八つの神社がありますが、七社が熊野系です。その理由はよくわかっていません。補陀洛渡海の船が沖縄に流れ着き、その僧侶が広めたのではないかという人もいましたが、それは無茶です。遠すぎますし、潮の流れる方向が違いますから。

沖縄では、一五五〇年前頃から普天満宮を熊野那智大社に、末吉宮（那覇市）を熊野速玉大社に、識名宮（那覇市）を熊野本宮大社に見立てて信仰されているようなのです。

だからということでもないのですが、基地問題をもっと身近な問題として考えてみたいのです。なぜこんなに基地問題がこじれたのでしょうか。それは、防衛問題を安上がりに考えているからではないかと思います。いまだに日本人は「安全と水」はタダだと思っているフシがあります。沖縄にアメリカ軍基地を置くなら、沖縄を税金免除にし、最も豊かな島にしてほしいと思います。「戦争と平和」を考える世界の特区とするぐらいの気概がほしいです。そうすれば、他国も沖縄を攻めにくくなるはずなのですが、いかがでしょう。犬の浅知恵でしょ

黒潮の流れる海から紀伊半島の山並みが見える

うか。

✿ 若衆宿

「若衆宿《わかしゅうやど》」も、台湾に同じような風習があるそうですから、これも黒潮文化圏のなせる技かもしれません。といっても、若衆宿のことをご存じの方は少ないと思います。実は、作家の故司馬遼太郎がよく研究し、書いているのです。

近世の日本の一部では、地域社会を支えるために「若者組」といわれる集団が組織されました。若者組の拠点が若衆宿です。

若者組というのは、現代でいえば、青年団のようなものなのですが、もっと強い絆《きずな》がありました。村を守る自衛団、消防隊といったほうが近いです。今でも、古座川町には、使われていた若衆宿の建物が残っているので、明治、大正時代までは残っていた風習なのだと思います。新宮や勝浦あたりでは聞いたことはありませんが。

その当時、男性は青年になると、親から離れ、若衆宿で寝泊まりするようになるのです。そこで、若者同士（一説には一五歳ぐらいから、結婚するまでの二五歳ぐらいまでといわれています）が教育し合い、体を鍛え合い、連帯感を深めていくわけです。若衆宿は、独立した軍隊のようなものですから、相当な力を持っていました。たとえば、村

❖**西郷隆盛《さいごうたかもり》**　一八二八〜一八七七年。明治維新の元勲《げんくん》。薩摩藩（現・鹿児島県）小姓《こしょう》組の家に長男として生まれる。討幕の道を模索し、土佐藩（現・高知県）浪士坂本竜馬らの仲介を得て薩長秘密同盟を締結し、一八六九年、勝海舟との会談で江戸無血開城に成功。明治政府では陸軍元帥兼参議兼近衛都督《このえととく》に就任したが、一八七三年征韓論政変で鹿児島に退去。近代化を進める政府に反対する士族を中心に起こった武力反乱（西南戦争、一八七七年）の先頭に立ったが、敗北を機に自刃《じじん》して果てた。

❖**郷中教育《ごちゅうきょういく》**　薩摩藩の伝統的な青少年教育。起源は島津義弘によるとされている。また、郷中が教育組織としての機能を発揮するようになるのは江戸時代中期以後。教育内容は武道第一、仲間との連帯、軽薄な言動を慎む、身体の鍛錬、質実剛健など。

❖**普天間基地問題《ふてんまきちもんだい》**　沖縄県宜野湾《ぎのわん》市に設置されているアメリカ海兵隊普天間飛行場を廃止するとともに、同基地の機能を果たす基地・施設を設けるか否か、設けるとすればどこに設けるかなどについての問題。同基地の移設が持ち上がったのは、沖縄米兵少女暴行事件（一九九五年）のような米軍兵士の問題行動や、事故・騒音が問題で、解決は長引いている。

❖**特区《とっく》**　民間事業者や地方公共団体等の自発的な発案により、地域の特性に応じた規制の特例措置を導入する特定の地域のこと。

では、家の鍵をかけてはいけません。夜中でも、若衆はどの家でも入ってても構わないことになっていました。おひつには、一人、二人分は、飯を入れておかねばなりません。夜中に来て、彼らが食べるかもしれないからです。夜ばいも許されていました。もし、若衆に逆らえば、火事のとき、火を消してくれません。外敵に攻められたとき、守ってもらえません。

夜ばいといえば、古座川では奇妙なルールがあったようです。夜ばいで、もし女性が身ごもった場合、結婚相手を選ぶ権利は女性の側にあったようです。指名された男性は、結婚を拒否することはできませんし、生まれてくる赤子は、自分の子どもとして育てなければならないのです。夜ばいは、女性の側にとって不利な条件ですが、結婚相手を指名する権利を持つことで、不平等さを補っているようです。

このへんのバランス感覚が凄いと思います。人間の社会では、女性が一人で子どもを育てるのが難しいから、結婚というシステムがあるのでしょうが、それを維持するのに、何と涙ぐましい努力をしていることでしょうか。それから、村や部落を守るために、若衆宿というシステムを作らなければならないほど、厳しい世の中だったということなのでしょう。犬の世界も厳しいですが、犬は基本的に一匹オオカミの世界です。オオカミは犬と同じ系列ですから。一匹一匹で完結する

若衆宿だったといわれる建物＝古座川町で

シンプルな世界です。人間は、一人では生きていけない。いつも組織の中でしか生きていけないのでしょう。そのぶん、いろいろなことが複雑にならざるをえないのでしょうね。ああ、犬でよかった。

「犬は一匹オオカミなのだ」

❖夜《よ》ばい　夜中に性交を目的に他人の寝ている場所を訪れる日本の風習。語源は、男性が女性に呼びかけ、求婚すること（「呼ばう」）であると言われる。多くの場合男性が女性のもとへ通うものだが、女性が通う風習を持つ地域もあった。

「君もがんばりな」とフータ

COLUMN

島流し

〈逸夫による解説〉

私は、新宮の支局に転勤になったとき、これは〝島流し〟だと思った。何しろ、東京から遠い。会社としても最南端の支局。それに、東京本社から新宮市に転勤になった例は聞いたことがなかったからだ。真偽のほどはわからないが、支局に来たとき、私はサラリーマンとして最後の本は、「島流し」というタイトルにしようと思った。最後のオチは、黒潮に乗って流され、八丈島に漂着する様子をルポするのだ。八丈島といえば、江戸時代の島流しの地として有名。到着した私は叫ぶのだ。「これが本当の島流しだ」と。

そんな妄想にとりつかれ、八丈島まで漂流をつき合ってくれる漁師を捜し回ったものだった。二泊三日で八丈島に行けるのだ。黒潮が海の高速道路であることを体感したかった。何しろ、黒潮文化圏とはいうが、実際に新宮と東京の間を流された人は現代ではいない。江戸時代、熊野の材木を江戸に運んでいたが、ときどき嵐に遭い、材木が流された。その材木を拾い集めるために、八丈島に新宮の材木商の支店があったそうだ。それを証明したかった。

結局、八丈島への漂流計画は達成できなかったし、私の二年間の新宮生活は予想に反して楽しいものだった。これもフータがいてくれたからだ。単身赴任でも、ペットがいれば寂しくはない。これは新しい発見だった。朝日新聞新宮支局の記者も、ネコを飼い始めた。そして彼は愛猫を「報道キャッツ」と称している。

第八章　イルカとクジラ

イルカ漁のことをお話しましょう。

❖反捕鯨の外国人たちが押し寄せ、すっかり有名になった太地町のイルカ漁。僕も何度も太地町に通いました。反捕鯨の人たちの共通点は、動物愛護です。だから、犬も大好きなのです。僕が行くと、外国人たちはこぞって近寄ってきます。そして、「Ｓｏ　ｃｕｔｅ（可愛い）」などと声をかけてきたり、キスしてくれたりするのです。❖シーシェパード環境保護団体のおじさん、スコット・ウエスト氏（当時五二歳）なんて、僕を抱きかかえ、「Ｍｙ　ｌｕｎｃｈ（私の昼飯だ）」と言って、大笑いするんだ。

対する太地町の漁業協同組合の事務所に行っても、参事の杉森宮人《すぎもりみやと》さんが可愛がってくれました。机の上に上がっても、ニコニコしているのです。

そんなわけで、いっぱい取材できました。イルカ漁に関する僕の意

イルカ＝太地町で

❖**反捕鯨《はんほげい》**　捕鯨反対運動はアメリカ合衆国から始まった。ベトナム戦争でアメリカ軍は枯れ葉剤を撒いたが、それが国際社会で非難を浴びるのを恐れて、目を反らせるために反捕鯨団体をあおったのが始ま

シーシェパードのスコット氏に抱っこされるフータ＝太地町で

見を述べてみます。

僕は、動物なので、基本的にイルカ❖の味方です。イルカを見ていると、僕ら犬類と同じぐらい知能があるように思えます。ボールを渡せば、ちゃんとキャッチボールできますし、喜んだり悲しんだりする感情もあるようです。遊びが大好きです。知能のある動物ほどよく遊ぶといわれます。カラスなんかも賢いから、よく遊んでいるでしょ。人間なんかもっと遊んでます。だから、知能の高くて感情豊かな動物は食べるべきではないと思います。韓国では、犬まで食べるそうではないですか。とんでもないことです。犬類が団結できるなら、韓国に攻め入って、人を食べてしまいますよ。いくら文化だからといって、悪い文化といい文化があります。西洋人の奴隷❖制度は悪い文化でした。だから廃止し、今は奴隷はいなくなりました。それと同じように、イルカやクジラ❖を食べるのは悪い文化なのですから、即刻やめるべきなのです。

りといわれている。団体としては、「シーシェパード」（次注参照）や国際環境保護団体「グリーンピース」が有名。

❖**シーシェパード環境《かんきょう》保護《ほご》団体《だんたい》** 通称「シーシェパード」または「SS」。「海の番犬」「海の保護者」の意味。海洋生物保護のために直接行動を戦術として用いる国際非営利組織の海洋環境保護団体。本部はアメリカ合衆国。グリーンピースを脱退したカナダ人ポール・ワトソンが一九七七年に設立。

❖**イルカ** 「海豚」とも書く。歯クジラ類イルカ科の海獣《かいじゅう》。古代ギリシア・ローマ時代、イルカは最も強く速い〝魚〟と考えられ、神々の忠実な供、魂を冥界へ運ぶ使者と考えられていた。初期キリスト教時代には救済と復活の象徴とされた。キリスト自身の象徴とされることもあった。

❖**奴隷制度《どれいせいど》** 奴隷とは人格を否定され所有の対象として他者に隷属し使役される人間のこと。奴隷が身分ないし階級として存在する社会制度を「奴隷制度」という。一九四八年に国連で採択された世界人権宣言では「何人も、奴隷にされ、又は苦役に服することはない。奴隷制度及び奴隷売買は、いかなる形においても禁止する」（第四条）と宣言している。

❖**クジラ** 「鯨」と書く。ほ乳類クジラ目の海獣のうち大型のものの総称。種類が多い。『旧約聖書』に出てくるヨナはクジラに飲まれて三日三晩腹中にいたとして、キリストの復活を表すとされる。

イルカの追い込み漁をする漁船＝太地町で

だいたい、イルカやクジラはメチル水銀で汚染されているのだから、人類にとってもけっしていいことだとは思えません。水銀汚染は、食物連鎖を通じて魚介類などに残留、蓄積されやすい。その食物連鎖の最上位にいるのがイルカやクジラなのです。それを食べることで、中枢神経に障害を起こすおそれがあります。水俣病の原因物質でもあります。そんな危険なものをわざわざ好きこのんで食べることはないでしょう。

それに、人間はイルカにずいぶん助けられているでしょう。イルカが人間を助けた話はいっぱいあります。なのに、人間はその恩も忘れて、イルカを食べているのですよ。そんな理不尽な話はないと思います。

❖**メチル水銀《すいぎん》**　単一の物質の呼称ではなく、水銀がメチル化された有機水銀化合物の総称。脂溶性の物質であるため生物濃縮を受けやすく、毒性が強い。工業汚染、あるいは種子の農薬（殺菌剤）として利用された結果として、川や湖でしばしば発見される。これは魚やそれを捕食するほかの生物に深刻な健康被害をもたらしている。

❖**汚染《おせん》**　膨大な数の化学物質の無秩序な利用が地球規模での環境汚染を引き起こしている。海洋の汚染においては、生態系の上位を占めるクジラ類などが地球汚染を代弁する動物として社会的関心を集めている。

❖**食物連鎖《しょくもつれんさ》**　生物群集内での生物の捕食（食べる）・被食（食べられる）という点に着目し、それぞれの生物群集における生物種間の関係を表す概念。関係する用語として「食物網」「食物ピラミッド」などがある。

❖**中枢神経《ちゅうすうしんけい》**　脳と脊髄《せきずい》のことをいう。感覚、運動、意思、情緒、反射、呼吸など、身体のあらゆることに関するコントロールタワーの役目をしている。脳は頭蓋骨で、脊髄は脊柱で保護されており、一度損傷を受けると再生できないとされる。脊髄は、末梢神経から受け取った情報を脳へ送り、脳からの指令を末梢神経に送るという中継的な役割をしている。

❖**水俣病《みなまたびょう》**　化成品メーカーであるチッソが海に流した廃液により引き起こされた公害病。世界的にも「ミ

イルカの刺身（左）とイルカのすき焼き

クジラのジャンプ＝太地町で

ナマタ」の名で知られ、水銀汚染による公害病の恐ろしさを世に知らしめた。主な症状は四肢末端優位の感覚障害、運動失調、求心性視野狭窄、聴力障害、平衡機能障害、言語障害、振戦（手足の震え）等。なお、舞台となった水俣湾は環境庁の調査によって安全が確認され、現在では普通に漁が行われている。

COLUMN

イルカ漁

〈逸夫による解説〉

太地《たいじ》町の人口はわずか三五〇〇人だ。そんな小さな町が、国際社会で非難の的になった最大の理由は、ドキュメンタリー映画「ザ・コーヴ」❖のせいだ。私は、太地町のイルカ漁も映画も見たが、「漁が残酷だ」という映画の主張は、一方的すぎる。

映画は、アメリカの環境保護活動家リチャード・オバリー❖氏の撮影チームが太地町へ潜入して撮った映像が中心。地元警察や漁師の制止をかわして、立ち入り禁止の浜でイルカが殺される場面も撮影している。

映画の中でオバリー氏は悪を摘発する正義の味方のように描かれている。彼は「イルカ漁は文化ではない」と主張している。「多くの日本人は誰もイルカ漁が行われていることを知らない。そんなのは文化とはいえない」と主張する。

太地の人たちは昔からイルカもクジラも厳密に区別してはいない。実際、同じ鯨類だ。漁師としては、伝統的な捕鯨をやっているだけのことだが、そのことは確かに日本人はあまり知らない。今は衰退しているからだし、彼らがやっている捕鯨反対運動のせいでアピールしにくくもなっている。

反捕鯨を訴える人たちをフータと一緒に取材中の逸夫＝太地町で

太地では、一説には縄文時代からクジラ漁は行われていたというし、四〇〇年前から古式捕鯨の記録は残っている。私は、イルカ漁を見て、人間の知恵と経験の積み重ねでできあがった独自の漁だと思う。イルカの追い込み漁は何時間もかかる。長いときには一回五、六時間も。夜明けとともに十数隻の船が出漁する。群れを発見すると沖合五〜一〇キロ先から、海中に垂らした鉄パイプを金槌でたたきながら陸に向かって追い込む。音でイルカを混乱させるのだ。陸から見ていると、点のように見える船の一団が右へ左へとジグザグを描きながら、ゆっくりと近づいてくる。リアス海岸の奥まった入り江に追い込み、閉じこめる。

映画は「イルカは知能が発達し、感情が通じる」と主張する。一〇〇歩譲って、イルカが賢いことを認めても、食べていい動物と悪い動物の知能の線をどこに引けばいいのか。牛の知能は食べてもいいレベルだというのだろうか。

ヒンドゥー教徒などは牛を神のようにあがめているが、彼らの目からは、牛を食べる欧米人や日本人は、さぞ野蛮な民族に見えるに違いない。だからといって、彼らは映画を作って非難するようなことはしない。牛を殺すところに潜入して告発したりもしない。

フータは、メチル水銀の話をしているが、太地町では、周囲にいわれるまでもなく、熊本県水俣市にある国立水俣総合研究センターに依頼し、毛髪水銀検査をやっている。その結果、町民の毛髪水銀濃度は国水研が調査した地域と比べると高いが、メチル水銀中毒の可能性を疑われる症例はなかったという。他地域と比較すると、イルカやクジラをよく食べる太地町でさえそうなのだ。食べる量も機会も減っている昨今、妊婦は別だが、ほとんど問題ないといえる。

イルカが人間を助けた話はギリシャ神話によくあるが、日本鯨類研究所の大隅清治《おおすみせいじ》博士にいわせると、インチキだという。「イルカは浮いたものをつっつく性質がある。たまたま溺《おぼ》れた人がイルカにつつかれて、岸のほうに上げられたのが伝説となったのではないか。岸に上げられた人は生きているから『イルカに助けられた』とふれ回っただけでしょう。イルカやクジラの脳が大きいからといって、賢いことを意味しない。脳には新皮質❖と旧皮質❖とがあって、知能に関係する新皮質は人間よりもずっと薄い。だからといって、知能の低い高いで食べるとすれば、その線引きはどこにすればいいのか」と話す。私もまったく同意見で、フータの意見には真っ向から反対だ。最終判断は読者にしていただこう。

❖ドキュメンタリー映画《えいが》「ザ・コーヴ」　「コーヴ」は入り江の意味。二〇〇九年公開のアメリカ映画。ルイ・シホヨス監督。和歌山県太地町のイルカ追い込み漁を批判した映画。アカデミー賞長編ドキュメンタリー映画賞などを受賞。日本公開にあたっては、政治団体などから劇場への脅迫まがいの妨害活動があり、物議をかもした。

❖リチャード・オバリー　一九三九年〜。アメリカ合衆国フロリダ生まれ。反イルカ漁の活動家で、映画「ザ・コーヴ」の主役を務める。世界中でヒットしたテレビ番組「わんぱくフリッパー」のイルカ調教師として活躍したが、主役のイルカが死んだのをきっかけに、イルカ保護運動へと生き方を一八〇度転換した。

❖追《お》い込《こ》み漁《りょう》　イルカやクジラの群れを湾内に追い込み捕獲する方法。かつては静岡県富戸《ふと》でも行われていたが、現在は和歌山県で操業されているだけ。長崎県壱岐《いき》ではかつて漁業の「害獣」として駆除するときに用いられた。

外国メディアから取材を受けるフータ＝太地町で

❖リアス海岸《かいがん》　谷が沈降してできた入り江（溺れ谷）が連続して鋸《のこぎり》の歯のようにギザギザに連なっているような地形をいう。入り江内は波が低く水深が深いため港として古くから使われたり、沿岸漁業や養殖など漁業の中心にもなった。しかし、陸地は起伏が多く急な傾斜の山地が海岸にまで迫ることもあり、平地が少ないため陸路での移動は不便で、船以外に外部との交通手段がない「陸の孤島」となっていたところもある。

❖牛《うし》　家畜であるウシは、食用（肉牛や乳牛）や役牛（農耕や運搬など）、牛皮は「牛革」として衣類・装身具等の材料にされ、牛糞は肥料や燃料、建築材料として利用される。農耕を助ける貴重な労働力である牛を殺して神への犠牲とし、そこから転じて牛そのものを神聖な生き物として敬うことは、古代より非常に広い地域と時代にわたって行われた信仰である。一方で、「闘牛」として人（闘牛士）との闘いの興行（スペインやポルトガル）、牛同士の闘いの興行（日本や東洋の一部の国）、ロデオ（暴牛の背に乗る競技。北米・南米・オーストラリアなど）も存在する。

❖ヒンドゥー教《きょう》　インドやネパールで多数派を占める民族宗教。「ヒンドゥー」は梵語「シンドゥ」（川、とくにインダス川の意）の転訛《てんか》。バラモン教が各地の土着信仰と融合し、四世紀頃確立、その後、大乗仏教の影響も加わって五世紀から一〇世紀にかけて栄えた。キリスト教が流入して一時衰退したが、一九世紀の改革で再び栄えた。呪物崇拝・アニミズム・偶像崇拝・祖先崇拝・汎《はん》神教などの諸要素を含み、多くの派がある。信者は約九億人で、キリスト教、イスラム教に続く世界で三番目の宗教。

❖新皮質《しんひしつ》　大脳皮質の一部で、系統発生的に最も新しい部分。は虫類以上にみられ、ほ乳類では大脳のほとんどを占める。人類では最もよく発達し、学習・思考・情操などの精神活動が営まれる。

❖旧皮質《きゅうひしつ》　大脳皮質の一部。系統発生的に最も古い部分。魚類では大脳を構成するが、両生類からは古皮質、は虫類以上はさらに新皮質が発達して覆う。人間では背面内側にわずかに存在し、食欲・性欲などの本能行動や情動に関係するといわれる。

第九章　熊野の国際化

移民

これまで紹介した熊野は、非常に古いものを残しているので、ずいぶん田舎のように感じられるかもしれませんが、昔から国際化は進んでいるのです。なぜなら、目の前に大海原があるからです。太平洋です。漁師たちの行動半径は広いのです。

明治時代になってから、日本の移民が始まったわけですが、この地では、真っ先にハワイやアメリカ西海岸、オーストラリアなどに行っています。仕事は漁業が中心ですが、缶詰工場で働いたり、オーストラリアではボタンにするための貝の採取をしていました。潜水をして取るわけです。太地《たいじ》町のイルカ漁の問題が世界で騒がれましたが、その発端は、太地町の姉妹都市であるオーストラリアのブルーム町が、イルカ漁の問題で、姉妹都市提携を破棄（後に、再び再開）したこと

ピクニックでの太地町出身者たち＝1958年、アメリカ・カリフォルニア州で撮影（太地町歴史資料室提供）

が原因でした。このブルーム町には、貝採取のために太地の人たちがたくさん移民していたのです。

移民からの仕送りは大変な額に及び、太地町では、町の年間予算の三倍から五倍にもなったそうです。

移民は、太地町にかぎりません。那智勝浦町や串本町もそうです。この辺一帯の海岸地帯がそうだったのでしょう。古いNHKのドキュメンタリー「❖新日本紀行」という番組で、「密航の町」と紹介されたことがありました。密航しても行きたいほど、稼げたのだと思います。

そんな埋もれた歴史を後世に残そうという動きが最近、地元の自治体でも盛んになってきています。そんな様子を逸夫の書いた記事で紹介します。

サンピードロの日本人村

紀伊半島の移民史をたどる特別展「サンピードロの日本人村—紀伊半島からカリフォルニアへの移民」が、太地町の町立石垣記念館で開かれている。同町公民館と同国際交流協会が主催で、移民の資料や写真、生活用品など約八〇点が展示されている。

二〇世紀初頭から太平洋戦争が始まるまで、日本人移民約三〇〇〇人が住んでいた米国のロサンゼルス港の一角、東サンピ

❖「新《しん》日《に》本《ほん》紀《き》行《こう》」　一九六三年一〇月七日から一九八二年三月一〇日に放送された番組で、制作本数は七九三本。日本で初めての本格的な紀行番組でNHKアナウンサーが日本各地の原風景を訪ね、それにナレーションやインタビューを加えるという体裁を取り入れた。なお、二〇〇五年から「新日本紀行ふたたび」が放送されている。

アメリカの缶詰工場で働く日本人の姿も見える（太地町歴史資料室提供写真）

ードロと呼ばれた人工島。大半が和歌山県出身で、中でも太地出身者が最も多かった。男性は、マグロやイワシ漁をし、女性の多くは缶詰工場で働いた。

昨年、一昨年と同町が現地調査をして集めた品々を中心に展示してあり、当時の日本人の暮らしぶり、漁のようすなどがよく分かる。那智勝浦町下里から訪れた男性（八四歳）は「知っている移民の人たちの映像や写真が見られて、懐かしい。資料を集める試みは素晴らしいですね」と感想を語っていた。

（中日新聞二〇一〇年五月一一日付）

カナダの日本人村・スティーブストン

「カナダの日本人村・スティーブストン」と題した講演会が一一日、太地町公民館で開かれた。同公民館が今月一日、北米やオーストラリアへの移民研究や資料収集のための歴史資料室を開設したのを記念するイベントで、同町や近隣の市町村から約三〇人の人が聴講した。

講師は、カナダのバンクーバー在住の日系二世で、水産研究家のミツオ・エサキさん（七三歳）。両親が那智勝浦町下里出身で、父親がカナダでサケ漁を、母親が缶詰工場で働いていたという。

講演するミツオ・エサキさん＝太地町で

一九三〇年ごろのスティーブストンの人口は約二〇〇〇人で、六〇％が日本人。中でも和歌山県出身者は七〇％も占めていた。エサキさんは「日本人は腕がよく、勤勉だったために排日運動が起き、第二次大戦中は、強制収容所に入れられたりして苦労が多かった」と話す。

現在は、乱獲のせいなどで、すっかりサケはいなくなり、一〇以上あった缶詰工場も一九九二年には全部なくなったという。

（中日新聞二〇一〇年四月一三日付）

北豪州海域白蝶貝採取事業資料　串本町で

明治一七年から昭和三六年まで、串本町にはボタン用の貝採取をするため、オーストラリアへ渡った人が多かった。

同町役場は、その歴史資料を収集し、「北豪州海域白蝶貝採取事業資料目録」としてまとめた。Ａ４判、二八ページにわた

「北豪州海域白蝶貝採取事業資料目録」を見る報告会の出席者＝串本町役場で

紀伊半島からの移民をテーマに展示会も開かれた＝和歌山市で

るもので、現地での生活ぶりや、船の上での生活の写真や、船員手帳やパスポートの写真などが収められている。

同町は昨年九月、移民史を調査する協力員を町民に募ったところ、貝採取の体験者や、その家族ら約一五人が集まった。そのメンバーが、四カ月間かけて、写真四〇三点、文書資料八点、文献資料四五点、現物資料一五点を収集。調査協力者は八四人あったという。役場はそれを目録にし、十九日に報告会を開いて協力員らに配布した。

協力員の一人で、農業の尾鼻悟さん（六六歳）は「戦前のことを知っている人は、ほとんど亡くなっている。調査は一〇年遅かっと思うが、戦後の資料集めでは成果があった」と話す。役場では、今後も資料集めを続ける方針という。

（中日新聞二〇一〇年一月二〇日付）

✿トルコの話

熊野の国際化といえば、はずせないのが串本町とトルコ❖との関係です。日本とトルコの関係は親密なのですが、その元々の理由が串本町にあることは以外に知られていません。トルコ人は串本が大好きで、毎年訪れる人が多いのです。それは次のような史実があるからです。

串本には、トルコのじゅうたんや雑貨を売る店もある

❖**トルコ**　正式名称は「トルコ共和国」。イスラム教国だが政教は分離。アジアとヨーロッパの二つの大州にまたがる。首都はアンカラ。歴史的にはイランやイラクの影響が強いが、政治的・経済的にはヨーロッパの一員。トルコ料理はギリシャやシリアの料理と似ており、イスラム教国には珍しく飲酒は自由で、ワインやビールの国産銘柄が多数ある。

❖**オスマントルコ**　一二九九～一九二二年。テュル

120 周年記念式典に訪れたトルコの軍楽隊＝ 2010 年 6 月 3 日串本町で

明治時代の一八九〇年のことです。❖オスマントルコの軍艦「エルトゥールル号」が日本を訪れ、天皇陛下に謁見し、その帰りに台風に遭遇したのです。串本の前に浮かぶ大島沖まで来てついに沈没しましたが、地元の人たちの懸命の救助で多くの命が救われたのです。トルコの人たちは、串本の人たちの温かな心遣いが忘れられず、両国の友好の絆《きずな》となっているのです。トルコの教科書には、その話が載っています。

その後の話もあります。❖イラン・イラク戦争のとき、イランにいた邦人が脱出できなくて、首都❖テヘランに残っていました。日本政府から要請を受けた日本航空が迎えにいく計画でしたが、危険なため中止となりました。そのとき助けてくれたのがトルコ政府でした。❖トルコ航空をテヘランに派遣し、邦人を乗せて脱出させることに成功したのです。当時、イランにはトルコ人も大勢残っていたにもかかわらず、日本人を優先して乗

ク系（後のトルコ人）の帝室オスマン家を皇帝とする多民族帝国で、現在のイスタンブルを首都とした。東西はアゼルバイジャンからモロッコに至り、南北はイエメンからウクライナ、ハンガリー、チェコスロヴァキアに至る広大な領域に及んだ。

❖イラン・イラク戦争《せんそう》 一九八〇〜一九八八年。イランとイラクが国境をめぐって行った戦争。一九八八年に国際連合安全保障理事会の決議を受け入れる形で停戦を迎えた。この戦争はイスラム教内のシーア派とスンナ派、アラブとペルシアの歴史的な対立の構図を現代に復活させた事件であり、また、イスラム革命に対する周辺国と欧米の干渉戦争と捉えることもできる。

❖テヘラン イランの首都。人口一一〇五万人。イランの文化的中心でもあり、イスラム寺院だけでなくキリスト教の教会やユダヤ教のシナゴーグ（会堂）も存在する宗教的中心でもある。東京都と緯度はほぼ同じだが標高は一二〇〇メートル。ステップ気候に属し、冬季は寒く降水量も多いため積雪になることもあり、夏季は乾燥していて非常に暑い。

❖トルコ航空《こうくう》 トルコの国営航空会社。一九三三年にトルコ国防省の一部署として設立された。一九八九年から日本へも就航されるようになり、就航地は現在一五七都市。二〇〇八年、スターアライアンス（一九九七年に設立された世界初、最大の航空連合）に正式加盟。

せたのです。トルコは、串本の恩を忘れてはいなかったのです。

串本町も、トルコのために、いまだに沈没船の発掘調査に協力しています。二〇一〇年六月には、日本トルコ友好一二〇周年の記念式典が同町で盛大に行われました。また、この史実を映画にしようという企画があり、町が率先して動いています。

トルコ人は義理堅いですね。まるで犬のようです。義理堅いことでは犬は負けません。ご存じ「忠犬ハチ公」❖がその代表ですから。犬も共感できるいい話でした。

ペリーより前に来ていたアメリカ船

教科書に出ていない史実を発見しました。串本町の大島でのことです。

日本とアメリカ合衆国の交流は、一八五三年のペリー❖の黒船来航が始まりと思っていましたが、その六二年も前にアメリカ船が紀州に来ていたのです。

場所は串本町紀伊大島。一七九一年にジョン・ケンドリック❖が商船レディ・ワシントン号に乗って、来航しています。目的は、ラッコなどの毛皮を売ることでした。ケンドリックは、日本の鎖国を知っていたので、漂着を装ってきたのです。

レディ・ワシントン号の模型を見るフータ＝串本町の日米修交記念館で

❖「忠犬《ちゅうけん》ハチ公《こう》」 一九二三～一九三五年。死去した飼い主の帰りを東京・渋谷駅前で待ち続けた美談の秋田犬。一九三七年には尋常小学校の修身の教科書にもハチ公の物語が採用された。東京・上野の国立科学博物館にハチの剥製が所蔵されている。

❖ペリー 一七九四～一八五八年。本名マシュー・カルブレイス・ペリー（Matthew Calbraith Perry）。アメリカ海軍の軍人。一八五三年浦賀（現・神奈川

当時、アメリカは毛皮を中国に売って大もうけしていたので、日本にも売ろうとしたようです。日本側は、大急ぎで紀州の殿様に報告しようと使者を出しましたが、役人が到着する前に、ケンドリックは出航してしまいました。日本では売れないと見切りをつけたのでしょう。何しろ、日本人は、そんなに毛皮を生活に取り入れていませんからね。それは、気候の問題です。湿気が多いから毛皮は使いにくいのです。

ともかくも、そんな史実がアメリカの歴史書に記してあるといいます。大島の日米修交記念館での大発見でした。それにしても、どうして教科書に載せないのだろう。どうして、日米修交記念館が、こんなところにひっそりと建っているのだろう。紀州の歴史は奥が深いんです。

合気道のふるさと

国際化で忘れてはならないのは合気道です。新宮市や本宮《ほんぐう》町（田辺市）などでよく外国人を見かけることがあります。聞いてみると、合気道をやっている人が多いのです。新宮市には道場もあり、外国人もよく修行をしています。それが縁で、新宮市とアメリカのサンタクルス市は姉妹都市でもあります。

実は、熊野は合気道のふるさとなのです。熊野といっても、新宮市

県横須賀市）に入航、翌年三月「日米和親条約」を調印し、日本を開国させた。

❖**ジョン・ケンドリック**　一七四〇頃～一七九四年。アメリカの軍人、船長、冒険商人。ロバート・グレイ（Robert Gray）らとともに、アメリカ太平洋岸北西部探検を行った。日本に来航した最初のアメリカ人。フレンチ・インディアン戦争（一七五五～一七六三年）やアメリカ独立戦争（一七七五～一七八三年）に参加後、一七八七年にボストンを出港、コロンビア遠征。毛皮交易は一七八九年に始めた。その後太平洋を横断、一七九〇年にマカオに到着し、翌年紀伊大島に到着した。ホノルルで死亡したが、その間アメリカに戻ることはなかった。

❖**日米修好記念館**《にちべいしゅうこうきねんかん》　一七九一年、アメリカ商船が大島に来訪したのを記念して、大島樫野崎に建てられた博物館。当時の様子を伝える写真や資料、模型などが展示してある。【東牟婁郡串本町樫野1033】
☎0735の65の0099

❖**合気道**《あいきどう》　「合気道」とは「天地の〝気〟に合する道」の意味。合理的な体の運用により体格・体力によらず「小よく大を制する」ことが可能であるとしている点が特徴。技の稽古《けいこ》を通して心身を練成し、自然との調和、世界平和への貢献を行う等を主な理念とする。「和の武道」「争わない武道」「愛の武道」などとも形容され、欧米では「動く禅」とも評される。健康法や護身術としても認知されている。

植芝盛平氏の銅像＝田辺市で

や那智勝浦町のある和歌山県の東側（東牟婁《むろ》地方）ではなく、西牟婁郡に入る田辺市が発祥の地です。合気道の開祖、植芝盛平氏の生まれ故郷だからです。新宮市の道場は、植芝氏が設立したものです。

合気道は、ほかの武道のように勝敗を争うことはありません。試合がないのです。その理由は、平和的な熊野信仰と関係があるといわれています。

植芝氏は田辺市に生まれ、一八歳で上京しています。商売のかたわら❖柔術を習い始め、❖武道に目覚めます。❖剣術や❖銃剣術も習得します。あるとき、北海道へ開拓団として赴くのですが、帰郷の途中に寄った京都で❖出口王仁三郎という宗教家に出会い、その説法に共鳴したのです。山ごもりした後、独自の武術を編み出し、「植芝塾」と名付けた道場を京都で開きます。それが評判となり、東京や熊野に道場を開くことになるのです。

開祖は、熊野信仰の影響を受けています。熊野本宮で授かったとい

新宮市にある合気道の道場と道場長

❖**柔術**《じゅうじゅつ》　日本古来の徒手《としゅ》（素手）あるいは短い武器による攻防の技法を中心とした武術。相手を殺傷せずに捕らえたり、身を護ること（護身）を重視する流儀が多い。柔術から生みだされた武道として、柔道・合気道などがある。

❖**武道**《ぶどう》　日本の伝統的な武術（古武道）から発展。

うほどです。開祖の両親には女の子しかいなかったので、息子がほしいと、何度も熊野本宮にお参りしたのです。そのお陰で授かったといわれています。信心深い両親の元で育てられ、影響を受けないはずはありません。

熊野信仰は柔軟で平和的です。そんな熊野の自然の中で育ち、自然宗教の知識があったからこそ、合気道の精神が生まれたのでしょう。合気道は、今や世界九五カ国一六〇万人の人たちが修養しています。これほどの国際貢献は、なかなかあるものではありません。頭が下がります。しっぽも巻きます。

合気道がきっかけで、国際交流事業もさかん＝新宮市で

人を殺傷・制圧する技術（「武」）に、その技を磨く稽古《けいこ》を通じて人格の完成をめざすといった「道」の面が加わったものである。道の追求という点については、共通する心構え・所作などから茶道や日本舞踊、芸道とも関わりを持つ。

❖**剣術《けんじゅつ》**　日本における刀剣（日本刀）で戦う武術。武士の修めた修業の一つで、剣道の母体。武士が台頭した平安中期頃に確立された。戦乱のなかった江戸時代に大発展したため、平時の服装（甲冑《かっちゅう》を身に付けない）での斬り合いを想定している形が多い。

❖**銃剣術《じゅうけんじゅつ》**　白兵戦・近接戦闘で、先端に銃剣を装着（着剣）した小銃を武器にして敵を殺傷する武術。日本では、日本武術の槍術をもととする日本式銃剣術で、技などに独自性がある。

❖**出口王仁三郎《でぐちおにさぶろう》**　一八七一～一九四八年。明治から昭和に及ぶ宗教家、大本教《おおもと》の整師《せいし》。霊術を活用して第一次世界大戦後の社会不安を背景に広範な社会層の信者を獲得した。エスペラント運動への参加など国際主義的な平和思想と国家主義的な神道思想が同居し、不敬罪・治安維持法違反などの容疑で一九二一年、一九三五年に徹底した弾圧を受ける。二度目の弾圧で六年余り投獄され教団は解体したが、戦後、愛善苑《あいぜんえん》として再出発した。「生長の家」や「世界救世教」など現在存在している新教団の多くは、かつて大本教の信者だった人間によって設立されている。

サイパン芋

〈逸夫の解説〉

熊野の国際化は大したもので、漁師を中心にダイナミックに動いている。太地町の町を歩くと、ペンキで白塗りの家が多い。移民たちが、アメリカやオーストラリアの様式を持ち帰ったものだ。串本町の芋にもそれを感じる。

串本町には「サイパン」と呼ばれるサツマイモがある。同町は古くからサツマイモ栽培が盛ん。山が海岸にまで達し、平野が少ないため稲作が少なかったからだ。イモの中でも人気があるのが「サイパン」。小ぶりだが、甘くておいしい。ねっとりとしてまんじゅうでも食べているような舌触りだ。日本では、ここだけにある品種。黒潮に乗って、サイパン島から伝わったのかと思ったが、農家阿波《あわ》功《いさお》さん（当時六七歳）は「戦時中には、『農林1号』や『高系14号』などのイモが小学校の運動場で栽培されていた。『サイパン』ではなかった」という。戦後だとすれば、同町からオーストラリアへ、ボタン用の真珠貝を採りに船団が何度も出ている。彼らが途中で持ち帰った可能性が高い。

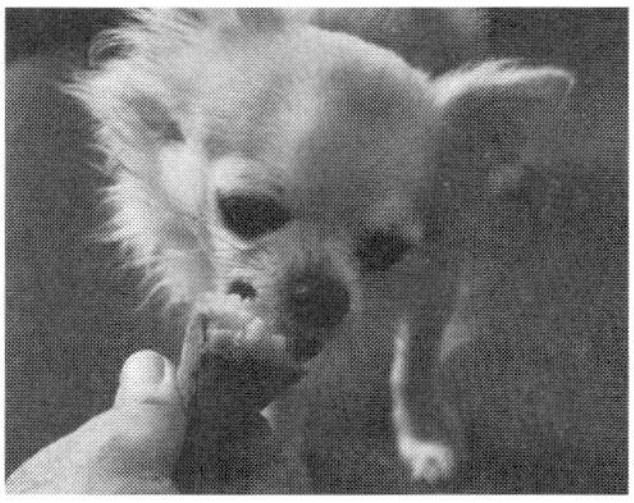

「芋も美味しいよ」

サイパン芋を掘る＝串本町で

第一〇章 人権問題と文学

大逆事件

第一章で少し触れましたが、新宮市のことを語るには、大逆事件を知らなければいけません。新宮市の歴史の中で、非常に大きな出来事だからです。江戸時代、新宮は江戸との交易が盛んで、流行や新しい知識はすぐに入ってきました。その先進性が、この事件を誘発したともいえます。事件の当事者たちは、社会主義などの新思想に造詣が深かったからです。

もう一度、大逆事件についておさらいします。

事件が起こったのは一九一〇年。明治天皇の暗殺を企てたとして社会主義者、無政府主義者❖らを全国一斉に検挙した事件です。新宮でも大石誠之助❖が死刑になるなど六人が犠牲になりました。多くは冤罪❖だったのです。

❖**無政府主義《むせいふしゅぎ》** アナーキズムともいう。政治的権力や宗教的権威を否定し、一挙に自由人の結合による理想社会の実現をめざす思想。一八世紀末、産業革命とフランス革命で揺れるイギリスで、ゴッドウィンが政府のない社会を提唱、シュティルナー（ドイツ）が体系化した。

❖**大石誠之助《おおいしせいのすけ》** 一八六七〜一九一一年。明治時代の医師、評論家。同志社大学を中退し一八九〇年渡米、医学を学ぶ。帰国後は郷里の和歌山で開業するが、シンガポール、インドに渡り伝染病の研究の傍ら社会的差別に目を向け、社会主義に関心を持った。帰国後、新宮で医療活動に当たるとともに平民食堂を起こすなど貧民救済の地域活動を行った。幸徳秋水（第一章注参照）らと親交があったことから大逆事件に連座させられた。

❖**冤罪《えんざい》** 無実であるのに犯罪者として扱われること。捜査や裁判の過程に問題が指摘されている刑事事件を表現するために用いられることが多い。

大逆事件の犠牲者、大石誠之助の墓参に訪れた人たち＝新宮市

当時、なぜこんな事件が起こったのかというと、日本の国全体が、富国強兵のかけ声の下、天皇を中心とする中央集権化が進んでいたので、それに少しでも異を唱える者を、時の政府は恐れたからです。当時の法律では、天皇の暗殺を計画しただけで死刑に処されたのです。それぐらい天皇制の地盤固めに必死だっということです。

新宮では、大石誠之助、高木顕妙ら六人が起訴され、この二人が死刑判決を受けました。

大石は、インドへの留学経験もある医者で、貧しい人には無料で診察をしたといわれています。高木は真宗大谷派の僧侶で、新宮市内の浄泉寺で住職をしていました。遊女が捨てられるのを見て、廃娼運動を起こしたり、非戦を訴えたりしていました。

新宮市では、大石の人望はあつく、大石誠之介を名誉市民にする運動も起こっています。二〇一〇年は、大逆事件から一〇〇年だったので、六月に市民会館で「闇を翔《かけ》る希望―『大逆事件』２０１０年フォ

フォーラムで展示された大逆事件を表した屏風＝新宮市で

ーラムＩＮ新宮」と題したイベントが、市や「大逆事件の犠牲者を顕彰する会」などの主催で開かれました。

フォーラムの冒頭、顕彰する会の二河通夫《にこうみちお》会長（当時八〇歳）が「遺族の方々に深くおわびしたい」と涙ながらにあいさつしました。僕は、その涙の意味がよくつかめませんでした。後日、二河さんから「祖先が犠牲者たちを罪人扱いして市から追い立てた。そのことを謝りたかった」と聞いて納得しました。そのことは、多くの市民にとってのどの奥に刺さったトゲだったのです。

大逆事件 100 年を記念して開かれたフォーラム＝新宮市の市民会館で

顕彰する会は五月に、大石を名誉市民に推挙するよう田岡実千年市長に要望しましたが、「時期尚早」などの理由で拒否。それが、名誉市民条例一部改正案が議員提案されるまで発展。現行では、提案者は市長のみですが、改正案は「市長または二人以上の賛成議員が議会に推挙し、議会の同意を得て市長が決定」というもの。しかし、同案は否決されました。その

❖**富国強兵《ふこくきょうへい》**　国家の経済を発展させて軍事力の増強を促す政策をいう。日本では日本で明治政府の国策の基本をさす。地租改正や殖産興業で経済力をつけ（＝富国）、徴兵制や軍制改革により軍備を増強（＝強兵）して国家の自立維持を図った。

❖**高木顕妙《たかぎけんみょう》**　一八六四〜一九一四年。明治・大正期の社会運動家、僧侶。尾張《おわり》国（現・愛知県）出身。一八九七年和歌山県新宮の浄土真宗本願寺派浄泉寺の住職となり、被差別部落の門徒との交流を通じて大石誠之助を中心とする新宮グループの社会主義者と交わりを持つ。階級打破・非戦平和を唱え、大逆事件に連座。死刑判決の後、無期懲役に処せられるが獄中で自殺。一九一一年に僧籍剥奪《はくだつ》、宗門から追放されていたが、一九九六年真宗大谷派により処分の取消しが決定され、八五年ぶりに名誉が回復された。

❖**真宗大谷派《しんしゅうおおたには》**　浄土真宗の宗派の一つ。本山は「真宗本廟」（通称、東本願寺。京都府京都市下京区烏丸通七条）、法人事務所を「真宗大谷派宗務所」と称し、同地に置く。教義は「宗祖親鸞《しんらん》聖人が、佛説無量寿《ぶっせつむりょうじゅ》経《きょう》に基づいて、顕浄土真実教行証文類《けんじょうどしんじつきょうぎょうしょうもんるい》を撰述して開顕《かいけん》した本願の名号を体とする往還二廻向《おうげんにえこう》を要旨とする」と「宗憲」第八条に定められている。

後、請願書が議会に出され、総務委員会に付託されました。同委員会では継続審議となり、結論は持ち越されたましたが、後に本会議で不採決となりました。

もめる原因は、大逆事件への知識の差が大きいと思います。ほとんどの市民は事件を知りません。人権問題では日本でも先進的な新宮市で、人権問題の最たる実例であるこの事件が教えられていないとは、どうしたことなのだろうか。これでは、まとまりようがないのです。

中上健次

先ほど、「人権問題では先進的」と書きましたが、新宮市はそうなのです。その要因に中上健次さん（第四章参照）の存在があるような気がします。中上さんは、新宮市出身の芥川賞作家ですが、差別された方の人間でした。彼の作品にもしばしばその視点をみることができます。彼のファンは多く、死後二〇年経つというのに、いまだに毎年中上さんが生前に企画・設立した熊野大学というセミナーが、関係者らによって開かれています。二泊三日の泊まりがけセミナーですが、毎年全国から一〇〇人ほどの受講生が集まってきます。講師も、中上さんが生前交友のあった人たちで、思い出話などを聞かせてくれます。講師の一人、作家で僧侶の瀬戸内寂聴氏は、「最初に会ったとき、大

熊野大学で講演する瀬戸内寂聴氏＝新宮市で

中上健次さんの思い出話をする佐木隆三さん（左）と中上紀さん＝新宮市で

きくてプロレスラーのようだったが、話すと優しい男性だった。ずいぶんもてたようで、女性たちが夢中で追いかけていた。自分は何をするために生まれてきたのかを知ることが大事で、中上さんは、早くから小説家と決めていたようだった。いい友だちだった」と話してくれました。作家・佐木隆三❖さんは、「私は銀座で酔っぱらって、タクシーのフロントガラスを割り、警察に連行される事件を起こしたことがあるが、その後、中上さんがエッセーで弁明をしてくれ、私は業界から葬られずにすんだ」とエピソードを紹介してくれました。

熊野大学の事務局長で、漢方薬局を経営する森本祐司《もりもとゆうじ》さん（当時五四歳）は、東京の大学を卒業し、広告代理店などに七年間勤めましたが、父の病気のため新宮市内の漢方薬店を継ぐことになりました。この時は断腸の思いだったといいます。東京で仕事が面白くなっていた時期だったから数年間は悶々《もんもん》としていたそうです。そんなときに紹介されたのが中上さんでした。「東京がなんぼのもんじゃ」と叱咤《しった》され、中上さんが市民講座として開いた熊野大学の事務をまかされたといいます。東京から著名人を毎月招いたのです。続けているうちに吹っ切れたようです。一九九二年に中上さんは亡くなりましたが、熊野で生きていく覚悟を教えてくれた彼に報いるため熊野大学を続けているそうです。

❖**名誉市民《めいよしみん》**　地方自治体である市が、さまざまな分野で功績のあった人に対して贈る称号。

❖**芥川賞《あくたがわしょう》**　正式には「芥川龍之介賞」。大正から昭和のはじめにかけて活躍した作家・芥川龍之介（一八九二〜一九二七年）の名を記念して、菊池寛《きくちかん》の発案により直木賞と同時に一九三五年に制定された。新聞・雑誌（同人雑誌を含む）に発表済みの純文学短編作品で、主に無名もしくは新進作家が選考の対象となる。

❖**熊野大学《くまのだいがく》**　「校舎もなければ入学試験もない。卒業は死ぬとき」を合い言葉に、熊野について学ぶセミナー。一九八九年に、中上健次自身の提唱で始まる。当時は毎月開かれ、中上はどんなに忙しくとも東京から新宮にかけつけたという。

❖**瀬戸内寂聴《せとうちじゃくちょう》**　一九二二年〜。日本の小説家、天台宗の尼僧。徳島県出身。中尊寺（岩手県平泉）で出家。徳島市・京都市の名誉市民。「夏の終り」（一九六三年）や「花に問え」（一九九二年）、「場所」（二〇〇一年）など著作多数で多くの文学賞も受賞している。再審支援活動や死刑廃止、反原発など社会運動も積極的に行っている。

❖**佐木隆三《さきりゅうぞう》**　一九三七年〜。日本の小説家、ノンフィクション作家、北九州市立文学館館長。九州国際大学客員教授。近年は法廷のルポルタージュで広く知られる。旧朝鮮咸鏡北道吉州郡生まれ。「復習するは我にあり」で第七四回直木賞受賞。

「くまの茶房」店主の大江真理さん＝新宮市で

もう一人、中上さんの友人と知り合いました。中上さんの同学年の人で、元本屋「くまの書房」の経営者。現在は喫茶店「くまの茶房」店主の大江真理《おおえまり》さん（当時六三歳）です。僕が訪ねると、いつもニコニコして迎えてくれます。店内に入ってももちろんＯＫ。僕が取材に行ったときは、本屋を閉めるときで、「三六年続いた本屋を閉めるのは、やっぱりさみしいですね」と感慨深げでした。店を手伝っていた次女が嫁に行くので、人手が足りず、やむなく閉店ということでした。

大江さんは中学生時代、国語の先生に勧められ、生徒会長に立候補しました。そのとき、中上さんが応援演説をしてくれ、大江さんのことを「緑丘中学のマスコット」と称したといいます。結果は落選でしたが、中上さんとは大人になっても、議論をよくしたとか。大江さんは読書好きで、本屋をやれば、たくさん本が読めると思っていましたが、「忙しくて、ゆっくり読む時間はなかった」と笑っていました。「大

❖**佐藤春夫**《さとうはるお》　一八九二～一九六四年。大正・昭和期の詩人、小説家、評論家。和歌山県出身。中学時代から「明星」などに歌を投稿していた。艶美清朗な詩歌と倦怠・憂鬱の小説を軸に、文芸評論・随筆・童話・戯曲・評伝・和歌と、その活動は多岐に及んだ。友人である谷崎潤一郎の妻・千代と結婚し、一九三〇

中上健次原作の映画「軽蔑」のロケは新宮市で行われた

逆事件の犠牲者を顕彰する会」の事務局員でもあります。

新宮市の有名な文学者では、もう一人、詩人の故❖佐藤春夫がいます。熊野速玉大社の敷地内には❖佐藤春夫記念館もあります。

佐藤春夫の命日に毎年開かれている「お供茶式」＝佐藤春夫記念館で

年に譲り受けるということがあった。三人連名の挨拶状を知人に送り、「細君譲渡事件」として世間を賑わせたこともある。内弟子三〇〇〇人ともいわれ、その中には井伏鱒二、太宰治、檀一雄、吉行淳之介など一流の作家になった者が多く、文壇の重鎮的存在だった。

❖**佐藤春夫《さとうはるお》記念館《きねんかん》**　佐藤春夫の東京旧宅を熊野那智大社境内の一角に移築し、一九八九年に記念館としてオープンした。館内には、春夫自筆の原稿や絵画や愛用品などが展示されている。【新宮市新宮1（熊野速玉大社境内）☎0735の21の1755】

佐藤春夫記念館＝新宮市で

COLUMN

熊野の心

〈逸夫の解説〉

第一〇章で紹介した大江真理さんが経営していた「くまの書房」に最初に行ったとき、普通の客として入ったのだが、コーヒーをご馳走になった。二度目のときは、ケーキまで付いてきた。それから、親しくするようになり、よく赤飯（熊野では「おこわ」と呼ぶ）をもらった。本当に美味しい赤飯で、それまであまり好きではなかったのだが、赤飯が大好きになった。何か気持ちがこもっているんだな。それから、急速に熊野が好きになった。

その後、「熊野古道をハイキングに行かないか」と誘われたことがあり、弁当まで作ってくれた。本当にいい思い出となった。

似たような体験はほかにもある。時々ランチを食べに行っていたレストランで、「明日のランチは松茸ごはんだから」と女将さんがいう。「明日の昼は仕事で来られないなあ」と答えると、「じゃあ、残っているかもしれないから、夜でも電話して取りにおいでよ」という。翌日、電話して取りに行ったら、「金はいらないいから」という。本当に気持ちの優しい人たちだ。熊野の心を感じる。

熊野に魅せられて

（ラータのあとがき）

あとがきに代えて、熊野に住み着いている変わった人を紹介しましょう。NPO共育学舎代表の三枝《さんし》孝之《たかゆき》さん（当時六三歳）です。三枝さんと話していると、「ここには落ち武者の文化があります。Iターンも、中央から逃れてくる落ち武者でしょう」「生きてりゃいいんです。答えはない」「子どもは育てるものではない。育つもの」等々、ドキッとする言葉が飛び出してきます。そう。三枝さんは哲学的に生きているのです。

三枝さんは中学を卒業し、日雇い労働などをしながら全国各地を旅したそうです。「今でいうフリーター、ニートだね」と自嘲《じちょう》気味に笑って話します。

四〇代になって、静岡県で出会った人に「住んでいいよ」と言われ、使っていない畑を借りたそうです。自分で小屋を建て、野菜を作ったり、海で貝を採ったりの生活。電気も水道もなかったのです。

「いろんな人に会い、本を読んだが、どれが自分の考えか受け売りか判然としなくなった。いったん、外から入ってくる情報をシャットアウトする必要があった」と言います。

そこに約一〇年暮らし、「お金や地位を求めて競争したり、必要もないエネルギーを使わなくとも、食べて寝るところがあれば十分心穏やかに暮らせる」と確信したと話します。

結婚したので、住むところを探す旅に出ました。たまたま新宮市熊野川町小口《こぐち》に安い一軒家を見つけ、二年間住みました。五〇歳を過ぎていました。

NPO 共育学舎の三枝ファミリー＝新宮市熊野川町で

周囲は休耕地ばかり。「これだけの条件がありながら放棄しているのは、人の命を奪っているのと同じ」と再生させる活動を始めたのです。現在住んでいる同町西敷屋《にしきや》に廃校を見つけ、ＮＰＯ共育学舎を立ち上げ、住み込みで管理するようになりました。農業に関心のある人が入れ替わり立ち替わりやってきます。自分たちで栽培した小麦で作ったパンも販売しています。

「五〇歳を過ぎてから、忙しくなった」と三枝さんは言います。

熊野を再生できるのは、三枝さんのような人たちかもしれません。少なくとも、休耕田を生き返らせています。若い人たちも共感しています。若い人が熊野に集まれば、新しい未来が見えてきます。可能性はたくさんあります。何しろ豊かな土地ですから。

三枝さんが面白いのは、五〇年間もずっと引きこもりのような状態でいて、五〇歳を超えてから、社会的な活動を始めているということです。人間、動き出すのはいつでもいいのです。煮詰まるまで、何もしなくてもいい。自然に任せて生きていればいいということですね。僕も自然に生きています。何もしたくなければ、何もしなくていいのです。だれだ、「お前は昼寝ばかりしている」と言っているのは……。

ともあれ、僕が、いろいろな場所へずうずうしく入っていくものですから、いつのまにか迷惑をかけていたときもあるかもしれません。見守ってくださった記者クラブをはじめ、熊野の人たちには感謝です。本当に、ありがとうでしたワン

報道犬を連れて

（逸夫のあとがき）

報道犬を連れて取材できるのは、熊野のおおらかさがなせる技だと書いたが、それはそのとおりで、そのムードは記者クラブにも影響を及ぼしていた。新宮には、新宮中央記者クラブと新宮地方記者クラブがある。前者は、朝日、毎日、読売、産経の全国紙とＮＨＫや大阪のテレビ局などで、後者は、地元の新聞社とテレビ局で構成されている。彼らが、報道犬を見て、文句を言わなかったかというと、そう、何の苦情も出なかった。一回だけ、シーシェパード関連の取材をしているとき、テレビのカメラマンが、「ちょっと、犬の鳴き声が入っちゃうんだよな」と苦情らしきことを言ったことがあった。でも、そう本気で怒っているふうでもなかったので、それで終わった。県や市の記者クラブの部屋にも連れて入っ

田岡実千年新宮市長に抱かれて＝新宮市で

記者クラブで他社の記者に可愛がられるフータ＝新宮市で

寺本真一町長に抱かれて＝那智勝浦町で

新宮署の副署長と一緒に

太地漁協で、リラックスするフータ＝太地町で

たが、だれも苦情を言わない。むしろ、よく可愛がってくれた。屋外の取材では、記者たちも解放されているのか、よく遊んでくれた。

警察署も、市役所も町役場にも連れて行ったことがある。市長や町長にもよく抱っこされた。

報道犬連れで取材することのメリットは、取材対象者たちがすぐ、私と新聞社名を覚えてくれたこと。それから、場を和ませることだ。事件や事故の現場ではさすがに車の中で待たせるが、祭りやハッピーニュースには、犬連れは最適だ。あと、シーシェパードなど反捕鯨活動の人たちの取材でも有効。向こうは油断して、心を許してくれるからだ。

実際、報道犬なるものは世界にいなかったが、ここに初めて誕生させた。私もハッピーだったが、フータもハッピーだったと思う。ずっと支局で私の帰りを待つよりも、いろいろな所へ行け、いろいろな体験ができたはずでだからだ。

東京などの大都会では、報道犬を連れて歩くのは制限が多いが、機会があれば、フータとまた一緒に取材したい。そして、犬の気持ちになって、世の中を眺めてみるのもいいのかもしれない。

出版にあたっては、現代人文社の木村暢恵さんにお世話になった。彼女とはこれで三冊目の本となる。子育てで大変なときに粘り強く編集してくれた。感謝の意を表したい。有難うございました。

《別稿》
熊野にみる日本の心

吉岡逸夫

私は、熊野に二年と一カ月間住んだ。本文にもあるように、私は、転勤にあたって、何も期待していなかった。ただの〝島流し〟だと思っていた。ところが、住んでみると意外な発見ばかりであった。大袈裟でなく、日本を再認識した。日本は、こういう風にできあがってきたのだということがリアルに体感できた。

私はこれまで六七カ国を旅したが、海外で取材するときいつも、その国が今どの時代を生きているのだろうかと考えるクセがある。私は、地球は生きている歴史博物館だと考えている。たとえば、アフリカや南米に行くと、いまだに狩猟採集民がいる。いわゆる縄文人だ。弥生時代に入ったばかりの人たちもいる。縄文や弥生時代は遠い過去のことだと思っていたが、実は過去のことでも歴史上のことでもないのだ。現在も脈々と生きているし、実際に見ることができる。そして、人類はどこの国の人であろうと、どの民族であろうと、実は同じ方向に向かって生きている。それは、無意識の世界から意識の世界に向かって進んでいるのだ。縄文人を見ると、共通しているのは非常に無邪気だということ。大人でもまるで子どものように純真で無垢なのだ。それは無意識に生きているのであり、人類の最初の姿なのだと思う。それが、時代とともに、あるいは教育を受けるに伴いしだいに意識的になり、個が芽生え、論理的に考えるようになる。人類の最初の姿が縄文人であるなら、その反対にいるのは、どういう人たちなのか。それは欧米や日本の先進国の人たちの中にいる。最先端は、古い慣習などを超えて思考できるインテリたちだ。国でいえば、形而上としての法律が規範となっているアメリカや社会保障制度が成熟している北欧諸国がそうだ。ほとんどの国は、その中間にある。たとえば、民族間の大虐殺のあったアフリカのルワンダなど、そこにいると、私は卑弥呼とか大和朝廷の時代のように感じた。

私は善し悪しを言っているのではない。人間には無意識の良さもあるし、意識の悪さもあるからだ。無意識はピュアであるが、汚れやすいということであり、意識はずる賢いとも言える。どちらがどうのということではなく、心の在り様を言っているのであって、人類はその方向に進んでいるように私には感じられる。

それでいくと、アフガニスタンは群雄割拠する鎌倉時代か室町時代のような気がする。男たちを見ていると、荒削りでプライドが高いところなど、鎌倉武士を彷彿とさせる。カルザイ大統領がいつもガウンを羽織っているが、あれなど武士の鎧飾りのようだ。現在の政権ができる前、北部同盟の中枢にいた指導者、アフマド・マスード将軍がアメリカ同時多発テロの直前に暗殺されたが、あれは、まるで〝本能寺の変〟のように感じた。

カンボジアは奈良、平安時代だ。田んぼを見ればわかる。わざと川が氾濫するのを待って、水が溜まるのを利用して苗を植えている。灌漑をしていないのだ。植え方もばらばらである。それが、隣のベトナムに入ると、田んぼが一変する。日本の田んぼのように、きちっと線を引いたように田植えができている。ベトナム人の意識は、すでに江戸、明治期に入っているのだと感じた。

以上のような観点から日本の熊野を見ると、昭和、大正、時には明治時代かもしれない。本文でも書いているが、時々タイムスリップしたような感慨に襲われるのだ。わかりやすくいえば、映画「Always　3丁目の夕日」の世界が生きていたりする。それは単なるノスタルジーではなく、私は、そこから日本の過去がリアルに見えてくると思っている。明治以前の姿もいろいろな祭りごとや行事、風俗や記録によって立ち上がってくる。つまり、熊野は生きた教科書なのである。

そういった外見的な事象もさることながら、私は、内面的にも目覚めさせられたことがあった。私は、新聞記者という職業柄か、性格が天の邪鬼だからかはわからないが、なかなか人を信用しない、疑り深いところがある。

ところが、私は熊野に来て、何度か心の扉を開かされることがあった。本当に気持ちのいい人たちが多いからだ。損得抜きで、いろいろなことをやってくれる。いわゆる真心というヤツだ。私は、五〇年以上も生きていて、日本でこんなに深く真心を感じたことがなかった気がする。

私は、熊野を離れる数日前、新宮市の熊野速玉大社を訪れたとき、巫女さんに「お世話になりました。東京に戻ります」とあいさつした。すると、その巫女さんが、社殿に入って行ったかと思うと、すぐに出てきて、何か言う。「修祓《しゅばつ》をして行ってください」と言う。修祓とはお払いのことである。「修祓？　そんなのやったことがない」と答えると、「東京へ行かれるのでしたら、ここで一度清められて行かれたらどうですか」と言う。「いえ、お金もありませんから」と言うと、「そういうことではありません。いろいろお世話になったので、ぜひ、やっていってほしいのです」と言う。私は、巫女さんの言葉に従うことにした。

そこで、私は正式な修祓というものを初めてやってもらった。神職の祝詞《のりと》をあげる声や太鼓の音を聞きながら、私は思った。心を清めるということは、きっと気持ちをニュートラルにすることだ。ニュートラルな気持ちとは、おごらず神様に頭を下げるということ。頭を下げるということは、感謝の気持ちを持つということだ。そのことは、一人では生きていけない人間においては、他の人の力や助けを借りずには生きられないのだから、いつも周囲には感謝していなさいということ。日本の宗教は、きっとこのことを教えているに違いない。神という名を借りてはいるが、人にも感謝し、食べ物になる動物や植物にも感謝しなさい。ひいては万物に感謝しなさいという意味なのだ。だから、日本人の基本のマナーとして、あいさつでお辞儀をし、食事をする前には、「いただきます」と感謝の意を表すのだ。太地町では、毎年クジラに対する慰霊祭もあるし、新宮では、筆供養といって、筆にまで感謝の意を表すのだ。

宗教は、そうやって人間を戒めている。そうやって社会を秩序立てている。フータは「宗教なんかいらない」と言ったりしているが、役割はちゃんとあるのだ。

日本の原初的な心の在り様も、実は熊野のような感じではなかったかと思う。

かつて来日した外国人たちが、日本の印象をいろいろ書き残している。一六世紀に日本にキリスト教をもたらしたフランシスコ・ザビエルは、「この国の人びとは今まで発見された国民のなかで最高であり、日本人より優れている人びとは、異教徒のあいだでは見つけられないでしょう。彼らは親しみやすく、一般に善良で、悪意がありません。(中略)大部分の人びとは貧しいのですが、武士もそうでない人びとも、貧しいことを不名誉とは思っていません」(『聖フランシスコ・ザビエル全書簡』河野純徳訳、平凡社東洋文庫)と書き残している。

江戸時代に訪れた日本で最初の英語教師、アメリカ人のラナルド・マクドナルドは、「エデンの園以外のどこにも劣らぬほど、高貴で純粋で、慈悲深く、あらゆる自然を愛し、悪意がなく純潔だ」(『外国人が見た古き良き日本』内藤誠編著、講談社インターナショナル、二〇〇八年)と語っている。

日本は今や混迷の時代に入った。原発事故、不況、貧困、孤独死など、閉塞感が漂っている。日本の将来を見るとき、日本の過去がわかっていないと未来は見越せない。その意味でも、日本の歴史をしっかりと残している熊野を見つめ直す必要がある。第二次世界大戦の前には、教科書に熊野のことがしっかりと書かれていたようだが、戦後の教科書からスッポリと熊野の記述がなくなっている。それは、進駐軍によって日本の歴史がかき消されたからだ。アメリカは、日本人が、日本人としてのアイデンティティーに目覚めることを恐れたのだ。

私は、ナショナリズムに目覚めよという意味ではなく、やはり日本の歴史はちゃんと把握しておいたほうがいいと考える。そのためには、古き時代の遺産をたくさん残す熊野を見て、体感し、自分たちはどこに向かうかをしっかりと見据えてほしいと思う。

私は、東日本大震災の被災地を二度訪ねたが、そこで印象に残ることがあった。被災地のひとつ岩手県大槌《おおつち》町吉里吉里《きりきり》でのことだ。そこに住む友人がブログで次のように書いていた。

「三五年前に体ひとつでの生活を、この町で始めました。当時、親せき・知人は皆無でした。すべての物を失った今、それでも私には心かよう仲間が大勢います。援助物資、必要なものは何もありません。欲しいものもありません。吉里吉里の海は今日も穏やかです」

友人の名は芳賀正彦《はがまさひこ》（当時六三歳）。家族は無事だったが、津波で自宅はほぼ全壊し、仕事も失い、避難所生活をしていた。文章は、われわれ友人にあてたメッセージだった。

苦しい避難所生活を強いられているのに、「何も要らない」とは、どういうことか。その言葉の真意を知ろうと、五月の連休中に彼を訪ねた。会うのは三五年ぶりだった。彼は災害対策副本部長を務め、小学校の体育館を利用した避難所を切り盛りしていた。

話を聞く中で、人口約二五〇〇人の吉里吉里は驚くべき住民自治の精神を持った地域であることがわかった。

避難所には、行政の担当者は一人もいない。すべて地元の人たちだけで運営している。それは、震災当日から始まっていた。震災の夜、自分たちで対策本部を立ち上げ、翌日には、国道のがれきを撤去し、ガソリンを確保し、食事の分配まで始めた。ガソリンスタンドやコンビニなど崩壊していたが、物資や重機やパソコンなど、必要なものは住民が持ち寄った。ヘリポートも作ったので、すぐに自衛隊を迎えることもできた。

なぜ、住民の団結力が強いのか。その理由を被災者の一人、元新聞販売店の店主芳賀広喜《はがひろき》さん（当時六三歳）は「大槌町中心部から峠を隔てているので、昔から何でも自分たちでやるんですよ」と説明する。

私は、約一二〇〇人のいる避難所に二晩泊めてもらったが、そこは整然とし、ゆったりとした空気が流れていた。夜は静かで、大きないびきをかく人さえいない。

「朝起きたら、隣りに顔見知りの人たちがいて、声を掛け合うと気がまぎれます」と被災者の一人阿部君代《あべきみよ》さん（当時五八歳）は話した。「二カ月近くになるが、泥棒やけんかは皆無です」とも言った。対策本部の役員らは、避難所だけでなく、自宅にいる避難民にまで物資を届けることまでやっていた。

私は友人に、どうして「何も要らない」という心境になったのか聞いた。彼は「欲しい物があれば、救援物資として翌日には届けてもらえる。金は、本当はのどから手が出るほど欲しいよ。でも、金は自分で働いて稼ぐもの。そう両親に教えられた」という。そして、彼は貯金を叩き、すでに家の建て直しに着手していた。

「一人でも早く避難所を出れば、スペースがとれる。真っ先に自立し、皆を引っ張っていきたい。いざとなれば、金を貸してくれるぐらいの仲間はいるさ」と笑う。こういう人間がいるから、これまでも日本は危機を乗り越えられてきたのだと思った。そして、日本人の結束力は、こうした地方の奥地から培われてきたのだ。そこには、農耕文化が色濃く反映している。

田植えをするのも稲刈りするのも、田んぼに水を引くのも、すべて一人ではできない共同作業。抜け駆けはできない。他人を思いやる心がなくては、その社会では生きていけない。

漁業も同じ。日本の漁業は、小説『老人と海』（アーネスト・ヘミングウェイ著）や『白鯨』（ハーマン・メルヴィル著）のような個の世界とは違う。巻き網漁やクジラの追い込み漁のように、何隻もの船が一緒に漁をするケースが多く、市場も水産加工場との連携も強い。農耕文化の影響で、それはサラリーマン社会にも根付いている。

静まり返った避難所の夜、そんなことを考えながら眠りについた。

芳賀さんは今、現地の雇用創出事業として任意団体「吉里吉里国　復活の薪」を立ち上げ、代表として活躍している。津波で倒壊した家屋の木材から薪を作り「復活の薪」として販売しているのだ。収益は地域の復興に還元される。建材として家を支えてきたスギやアカマツは乾燥が進み、一時的に海水をかぶっても中までは浸透しない。放射能の検査結果も、人体に影響がないほどの微々たるものだった。建材の釘を抜き、三〇センチメートルの長さに切りそろえて一〇キロ五〇〇円で販売。ネットなどで噂が広がり、全国から注文がくるという。

ガレキがなくなったときのために、山林間伐をし、今から山の整備を始めている。「海をきれいにするためには、まず山をきれいにしなければならない。復活の薪は間伐材を使って継続できる」という。

私は、この吉里吉里に日本の未来を見る。強さを見ることができる。そして、吉里吉里が持っている結束力や人々の優しさは、熊野にもしっかりと根付いていると感じる。

悲観することはない。日本人が持っている資質で、これまでも数々の危機を乗り切ってきたのだ。日本の原点を見失いさえしなければ、今回も乗り越えられる。そのためにも、今一度、熊野の遺産を見つめてほしい。

参考図書一覧

『藩史大辞典　第5巻　近畿編』（木村礎ほか編、雄山閣出版、一九九三年）
『藩史大辞典　第7巻　九州編』（同右）
『日本歴史地名体系第31巻　和歌山県の地名』（下中邦彦編、平凡社、一九八三年）
『民俗小辞典　神事と芸能』（神田より子・俵木悟編、吉川弘文堂、二〇一〇年）
『世界宗教用語大辞典』（須藤隆仙著、人物往来社、二〇〇四年）
『大日本百科全書9』（小学館、一九九五年）
『大日本百科全書18』（同右）
『日本古代中世人名辞典』（平野邦雄・瀬野精一郎編、吉川弘文堂、二〇〇六年）
『朝日日本歴史人物事典』（朝日新聞社、一九九四年）
『山川日本史小辞典（新版）』（日本史広辞典編集委員会、山川出版社、二〇〇一年）
『20世紀日本人名事典』（日外アソーシエーツ、二〇〇四年）
『現代用語の基礎知識』（自由国民社、二〇一二年）
『クジラとイルカの図鑑』（マーク・カーワディン、日本ヴォーグ社、一九九六年）
『日本動物大百科　第2巻　哺乳類Ⅱ』（日高敏隆監修、平凡社、一九九六年）
『動物大百科　第2巻　海生哺乳類』（D・W・マクドナルド編、平凡社、一九九一年）
『魚の事典』（能勢幸雄監修、東京堂出版、一九八九年）
『増補　植物の事典』（小倉謙監修、図書印刷、二〇〇二年）

※その他、ウィキペディア日本語版も参考にさせていただきました。

吉岡風太（フータ）

2007年6月13日、宮崎県えびの市生まれ。
チワワ種、国籍は日本。
本名はドッグ・パピー・エビノ・ジェイピー・アンパイア
父は、クラロ・オブ・ビッグ・ムカバキ・ハウス・JP
母は、ドッグ・パピー・エビノ・JP・ケイト

自称「千葉大楽（だいがく）」を卒業。

フリーターを経験後、フリーライターに転身。

現在に至る。

趣味は散歩と思索。特技は猫の物真似。

吉岡逸夫（よしおか・いつお）

オフィシャルホームページ http://yoshi.net

東京新聞記者。愛媛県生まれ。

米国コロンビア大学大学院ジャーナリズム科修了。元青年海外協力隊員。

東欧の激動、湾岸戦争、カンボジアPKO、ルワンダ内戦、アフガンやイラク戦争など67カ国を取材。

93・94年東京写真記者協会賞、96年開高健賞、97年テレビ朝日やじうま大賞を受賞。

著書に『漂泊のルワンダ』（牧野出版、2006年）、『イスラム銭湯記』（現代人文社、2004年）、『東日本大震災に遭って知った、日本人に生まれて良かった』（講談社、2012年）など多数。またドキュメンタリー映画作品に「笑うイラク魂」「アフガン戦場の旅」などがある。

報道犬《ほうどうけん》フータ、熊野《くまの》を行《い》く

2012年5月8日　第1版第1刷

著　著　吉岡逸夫＋フータ

発行人　成澤壽信
編集人　木村暢恵
発行所　株式会社 現代人文社
〒160-0004　東京都新宿区四谷2-10ハッ橋ビル7階
振替　00130-3-52366
電話　03-5379-0307（代表）　FAX　03-5379-5388
E-Mail　henshu@genjin.jp（代表）/hanbai@genjin.jp（販売）
Web　http://www.genjin.jp

発売所　株式会社大学図書

印刷所　株式会社ミツワ

装　丁　伊藤滋章

検印省略　PRINTED IN JAPAN　ISBN978-4-87798-516-5　C0039